Lebensraum Berge

Im Lebensraum Berge finden Sie die Pflanzen und Tiere, die sich speziell den klimatischen Bedingungen der Alpen und Mittelgebirge angepasst haben. Dazu gehören sowohl Pflanzen und Tiere der Bergwälder als auch die der Bergwiesen und kahlen Berggipfel.

Lebensraum Küste

Der Lebensraum Küste beschreibt Pflanzen und Tiere der küstennahen, salzigen Lebensräume von Nord- und Ostsee wie Wattenmeer, Flussmündungen, Lagunen, Inseln, Sand- und Felsstrände, Dünen und Salzwiesen.

Spuren und Fährten

Als Extraseiten finden Sie im Anhang Spuren, besondere Phänome und Fährten: Im Kapitel Spuren, Nester & Co. eigenartige Gebilde wie Pflanzengallen und »Hexenringe« sowie Höhlen und Nester, Fraßspuren und andere »Hinterlassenschaften« der Tiere. Im Kapitel Fährten die am häufigsten anzutreffenden Trittsiegel von Fuchs, Reh, Marder, Eichhörnchen und anderen Säugetieren.

Wo finde ich welches Tier, wo welche Pflanze?

Pflanzen und Tiere halten sich nicht streng an unsere Einteilung von Lebensräumen, sondern kommen auch in ähnlichen, benachbarten Gebieten vor. Wenn Sie deshalb ein Tier oder eine Pflanze nicht im Kapitel »Wald« finden, so schauen Sie bitte unter »Siedlung« nach, denn viele Arten des Waldes haben sich nach und nach dem Menschen angeschlossen. Dasselbe gilt für Tiere oder Pflanzen, die Sie nicht im Kapitel »Wiese« finden. Pflanzen oder Tiere feuchter Wiesen finden Sie auch im Kapitel »Gewässer« oder im Kapitel »Küste«.

Frank und Katrin Hecker

Der Kosmos Naturführer

für unterwegs

KOSMOS

Impressum

Mit 590Farbfotos: 354 von Frank Hecker, 236 von weiteren Fotografen
9 farbige Symbole von Wolfgang Lang; die 10 Fährten stammen von Marianne Golte-Bechtle

Umschlaggestaltung von eStudio Calamar, Pau, unter Verwendung von 6 Aufnahmen: Bild auf der Vorderseite von Hans Reinhard (Laubfrosch, *Hyla arborea*), 5 Bilder auf der Rückseite und auf dem Buchrücken von Frank Hecker (Weiße Seerose, *Nymphaea alba*; Eisvogel, *Alcedo atthis*; Gemeiner Seestern, *Asterias rubens*; Wildschwein, *Sus scrofa*; Klatschmohn, *Papaver rhoeas*).
Das Aufmacherfoto auf der Doppelseite 2/3 zeigt eine Hecke aus Goldregen und Flieder.

Bibliografische Information der Deutschen Bibliothek
Die Deutsche Bibliothek verzeichnet diese Publikation in der Deutschen Nationalbibliografie; detaillierte bibliografische Daten sind im Internet über http://dnb.ddb.de abrufbar.

KOSMOS Postfach 106011
D-70049 Stuttgart
TELEFON +49 (0)711-2191-0
FAX +49 (0)711-2191-422
WEB www.kosmos.de
E-MAIL info@kosmos.de

Gedruckt auf chlorfrei gebleichtem Papier

ISBN 3-440-09764-1
Projektleitung: Dr. Stefan Raps
Lektorat, Satz und Layout: Barbara Kiesewetter, Redaktionsbüro, München
Produktion: Barbara Kiesewetter, Lilo Pabel
Grundlayout: eStudio Calamar
Printed in Czech Republic / Imprimé en République Tchèque

Inhalt

Einführung

Meist »passiert« es im Alltag und ganz nebenbei: ein Ohrenkneifer krabbelt über unseren Arm (kneift er nun oder nicht und was hat er eigentlich mit unseren Ohren zu tun?), ein Greifvogel segelt majestätisch über die Wiese neben der Straße (ein Bussard? Oder gibt es hier Adler – und wie sieht ein Falke aus?) oder die Wiesen sind plötzlich von einem rosafarbenen Blütenteppich überzogen. Und dann gibt es noch die immer wiederkehrenden Fragen nach der Gefährlichkeit von Libellen (stechen sie nun oder nicht – oder vielleicht nur einige?), Hornissen und anderem suspekten Kleingetier, die fast niemand so richtig befriedigend beantwortet.

Üppig bewachsene Teiche zählen zu den pflanzen- und tierreichsten Lebensräumen.

Dieses Buch möchte Ihnen bei diesen und vielen weiteren Fragen ein handlicher, übersichtlicher und hilfreicher Begleiter sein. Um Ihnen ein rasches Auffinden der gesuchten Pflanzen und Tiere zu ermöglichen, sind diese so angeordnet, wie sie auch in der Natur vorkommen: nämlich sortiert nach den häufigsten Lebensräumen wie Wald (Nadel- und Laubwälder inklusive Lichtungen und Waldränder), Feld und Wiese (inklusive Hecken, Knicks, Kleingehölze und Wegränder), Gewässer (alle Süßgewässer vom Tümpel über Teiche und Seen bis zu Bächen und Flüssen) und Siedlungen (Gärten, Parks, Häuser, Keller und Schuppen), und damit das Buch auch mit »in Urlaub« darf: Berge (Schwerpunkt Alpen) und Küste (Dünen, Strände, Wattenmeer und küstennahes Meer an Nord- und Ostsee).
Zusätzlich finden Sie im Anhang unter »Spuren und Fährten« Tierspuren und merkwürdige oder besondere Phänomene, die für den Erstbeobachter manchmal nur schwer zuzuordnen sind, z. B. die kreisförmig angeordneten Pilze (»Hexenringe«) im Wald, Fraßspuren an Bäumen, Gewölle von Eulen und Erdhöhlen wie etwa jene vom Dachs mit eingebauter Rutsche.
Innerhalb der einzelnen Kapitel finden Sie die Arten stets in derselben Reihenfolge: von den Pilzen und Pflanzen zu den Tieren und hier von den Wirbellosen über die Vögel bis hin zu den Säugetieren.
Wir haben versucht, Ihnen eine Auswahl der häufigsten, typischsten, am ehesten zu beobachtenden, aber auch der schönsten Pflanzen und Tiere zu

bieten. So eine Auswahl ist zwangsläufig subjektiv und sicher hätten noch viel mehr und auch andere Arten eine Beschreibung verdient!
Natürlich bringt die Einteilung in Lebensräume auch gewisse Schwierigkeiten mit sich. Denn nicht alle Tiere sind so standorttreu wie beispielsweise der Alpensalamander, den man wirklich ausschließlich in den Bergen beobachten kann. So findet man z. B. die anpassungsfähige Amsel fast überall vom Wald über Hecken bis hin zu Gärten. Solche Arten, die im Siedlungsbereich des Menschen leben, haben wir bevorzugt auch hier eingeordnet, davon ausgehend, dass wir in unserer unmittelbaren Umgebung auch am ehesten Tiere wahrnehmen. Andere Tiere wechseln ganz einfach nach einer gewissen Zeit ihren Lebensraum: So wächst eine Libelle wie die Mosaikjungfer zunächst im Teich heran, später fliegt sie aber nicht selten über Waldwegen und sogar in Gärten; der Mäusebussard brütet versteckt im Wald, zu beobachten ist er aber auf seinen Jagdflügen über Wiesen und Feldern.
Auch bei den Pflanzen ist es so, dass nur wenige Arten wirklich in einem einzigen Lebensraum gedeihen. Die Seerose werden wir tatsächlich nur in Seen und Teichen antreffen, die Brennnessel dagegen wächst sowohl auf Feldern und Wiesen als auch an Gewässerufern, in Wäldern und Gärten. Wir haben uns jeweils für denjenigen Lebensraum entschieden, in dem Ihnen als Spaziergänger die jeweilige Pflanze oder das Tier am ehesten auffällt. Dabei haben wir den Schwerpunkt bewusst auf auffällige und gut zu beobachtende Arten gelegt. Natürlich gibt es viel mehr Käfer (in Mitteleuropa etwa 8000 Arten) als beispielsweise Vögel (in Mitteleuropa keine 400 Arten). Dennoch finden Sie in diesem Buch mehr Vögel als Käfer beschrieben, weil die meisten Vögel der Beobachtung leichter zugänglich sind und weil man darüber hinaus für die exakte Bestimmung vieler Insekten ganz spezielle Literatur benötigt.
Haben Sie aber bei bestimmten Gruppen »Blut geleckt« und möchten mehr darüber erfahren, würden wir uns darüber sehr freuen. Dem Interessierten bietet sich eine Fülle hilfreicher, weiterführender Literatur.
Nun wünschen wir Ihnen viele spannende Entdeckungen in der Natur: auf Spaziergängen ebenso wie im Urlaub. Wir hoffen, dass dieses Buch Ihnen dabei ein praktischer, kleiner Begleiter ist.

Auch Wälder mit viel Totholz beherbergen ein reiches Tierleben.

Lebensraum Wald

Sommergrün, Vogelgezwitscher und Wipfelrauschen: Der Wald als Ort der Ruhe und Entspannung ist für den Menschen nicht zu ersetzen. Ebenso wichtig ist er als »grüne Lunge« für die Produktion von Sauerstoff und als Lieferant wertvollen Bauholzes. Und nicht zuletzt ist er ein überaus bedeutsamer Lebensraum für Tiere und Pflanzen, denen wir auf unseren Spaziergängen begegnen. Dabei ist Wald nicht gleich Wald. Je nachdem, ob wir durch Nadelwälder spazieren, durch Au-, Kiefern- oder Laubmischwälder, finden wir ganz unterschiedliche Pflanzen und Tiere vor.

Steinpilz, Herrenpilz

Boletus edulis (oben)

> kastanienbrauner Hut
> geschätzter Speisepilz
> wächst unter Fichten

Merkmale Kompakter, fester Pilz mit 5–25 cm Durchmesser. Hut glatt, hell- bis kastanienbraun, bei feuchtem Wetter klebrig. Die Röhren auf der Hut-Unterseite sind anfangs weißlich, später grünlich gelb. Stiel keulenförmig und weiß. Erscheint im September und November. **Vorkommen** In ganz Europa, meist in Nadelwäldern unter Fichten. **Wissenswertes** Einer der besten und bekanntesten Speisepilze. Der Name Herrenpilz stammt aus den Zeiten, als gefundene Steinpilze noch bei den jeweiligen Großgrundbesitzern, den »Herren«, abgegeben werden mussten.

Hallimasch

Armillaria mellea (Mitte links)

> honiggelbe Hüte
> büschelig an Holz
> in manchen Jahren massenhaft

Merkmale Wächst büschelig, Hüte 2–12 cm Durchmesser, honiggelb mit schwarzen Schüppchen (können vom Regen abgewaschen sein). Lamellen und Stiel weißlich. Erscheint von September bis November. **Vorkommen** Auf der ganzen Welt verbreitet und häufig. Wächst parasitisch an lebenden Laub- und Nadelbäumen und auf Baumstümpfen. **Wissenswertes** Der Hallimasch ist ein gefürchteter Forstschädling. Seine Pilzgeflechte durchziehen ganze Wälder, in einigen Jahren sprießen aus ihnen überall die Pilze hervor. Roh ist er giftig, abgekocht wird er von den meisten Menschen vertragen.

Fliegenpilz

Amanita muscaria (Mitte rechts)

> rot mit weißen Punkten
> giftig!
> wächst unter Birken und Fichten

Merkmale Hut meist 5–20 cm im Durchmesser, leuchtend rot bis orange, häufig mit weißen Flocken, die aber vom Regen abgewaschen sein können. Lamellen und Stiel weiß. Erscheint von Juli bis November. **Vorkommen** Auf der ganzen Nordhalbkugel in Nadel- und Laubwäldern, oft unter Birken und Fichten. **Wissenswertes** Sein deutscher Name weist auf die frühere Verwendung: Der Hut wurde zerbrochen, in Milch gelegt und zum Fang von Fliegen aufgestellt. Bei nordischen Völkern wurde er in getrocknetem Zustand als Rauschmittel eingesetzt.

Grüner Knollenblätterpilz

Amanita phalloides (unten)

> Hut meist grün
> tödlich giftig!
> unter Eichen

Merkmale Hut 4–12 cm Durchmesser, variabel gefärbt, meist grünlich, aber auch rein weiß. Lamellen und Stiel weiß. Stiel mit Manschette, zum Grund hin knollig. Erscheint von Juli bis November. **Vorkommen** In Laubmischwäldern, häufig unter Eichen. **Wissenswertes** Einer der gefährlichsten Giftpilze. Bislang gibt es kein Gegenmittel. Der Verzehr führt zunächst zu Brechdurchfällen und endet bei scheinbarer Genesung nach einigen Tagen in 50–90 % der Fälle tödlich.

Echter Pfifferling

Cantharellus cibarius (oben links)

> dottergelb
> geschmackvoller Speisepilz
> selten geworden

Merkmale Trompetenförmiger, dottergelber Pilz. Hut meist 2–7 cm im Durchmesser, anfangs gewölbt, später trichterförmig vertieft. Die Lamellen laufen weit am gleich gefärbten Stiel herab. Erscheint von Juni bis November. **Vorkommen** Weit verbreitet in Europa. Wächst in Laub- und Nadelwäldern, ist vielerorts selten geworden. **Wissenswertes** Leicht zu verwechseln mit dem häufigen Falschen Pfifferling (*Hygrophoropsis aurantiaca*). Dieser ist kein Speisepilz; sein Verzehr führt zu Verdauungsstörungen.

Echter Zunderschwamm

Fomes fomentarius (oben rechts)

> Baumpilz
> »brennt wie Zunder«
> bringt Bäume zum Absterben

Merkmale Wächst wie ein korkig harter Hut aus der Rinde von Bäumen heraus. Wird 10–30 cm breit und etwa ebenso hoch. Typisch sind die farbenfrohen Ringe (Zuwachsränder) auf der Oberseite. Ganzjährig. **Vorkommen** Wächst parasitisch an geschwächten Laubbäumen, hauptsächlich an Buchen, Birken, Eichen und Kastanien. **Wissenswertes** Der Pilz verursacht Weißfäule und ist ein ernsthafter Schädling. Der deutsche Name weist auf die frühere Verwendung: Gekocht und in Salpetersäure getränkt, wurde er als Zunder zum Feuermachen benutzt.

Stinkmorchel

Phallus impudicus (Mitte links und rechts)

> wächst aus »Hexeneiern«
> stinkt widerwärtig
> lockt Fliegen und Schnecken

Merkmale Junger Pilz zunächst eiförmig (»Hexenei«), 3–5 cm groß. Platzt er auf, wächst daraus der 10–20 cm lange Pilz mit weißem Stil und glockenförmigem Hut. Hut 3–4 cm lang, trägt ein wabenartiges Muster, das von einer olivgrünen bis schwarzgrünen Sporenmasse überzogen ist, die aasartig stinkt. Erscheint Juni bis Oktober. **Vorkommen** Oft in Laub- und Nadelwäldern, Gärten und Parks. **Wissenswertes** Von dem Aasgeruch werden Fliegen und Schnecken angelockt, sie fressen die Sporen, scheiden sie wieder aus und tragen so zur Verbreitung bei.

Dickschaliger Kartoffel-Bovist

Scleroderma citrinum (unten)

> giftig!
> ähnelt einer Kartoffel
> auf sandigen, sauren Böden

Merkmale 4–10 cm großer Pilz ohne Stiel, der einer Kartoffel ähnelt. Färbung ockerbraun mit schwarzen Warzen. Ist der Pilz reif, bricht die Schale auf und gibt eine schwarze, pulverartige Sporenmasse frei. Erscheint von Juli bis November. **Vorkommen** In Laub- und Nadelwäldern auf sandigen und sauren Böden, gern am Stammgrund von Bäumen. Auch in Mooren unter Birken und Kiefern. **Wissenswertes** Es gibt auch essbare Boviste, diese sind im Unterschied zu den giftigen innen stets ganz weiß.

Europäische Lärche

Larix decidua (oben links)

> Herbstfärbung
> im Winter kahl
> gutes einheimisches Bauholz

Merkmale Kieferngewächse (*Pinaceae*). Sommergrüner, schlanker Nadelbaum, bis 40 m hoch. Nadeln 2–3 cm lang, hellgrün und weich, verfärben sich im Oktober goldgelb. Männliche Blüten unscheinbar, gelb, weibliche Blüten eiförmig, rosa, bis 1,5 cm groß. Zapfen 2–6 cm lang, eiförmig, aufrecht auf den Zweigen. Blütezeit März bis Mai, Samenreife September bis November. **Vorkommen** Einst nur in den Alpen, heute auch im Tiefland gepflanzt. **Wissenswertes** Einziger, heimischer Nadelbaum, der im Winter seine Blätter abwirft.

Waldkiefer, Föhre

Pinus sylvestris (oben rechts)

> asymmetrische Schirme
> Zapfen hängend
> beliebtes Möbelholz

Merkmale Kieferngewächse (*Pinaceae*). Immergrüner Nadelbaum bis 40 m Höhe, alte Bäume oft mit fast schirmförmiger Krone. Nadeln je zu zweit, steif, fest, 3–8 cm lang und graugrün. Männliche Blüten unscheinbar, gelb, weibliche Blüten am Ende junger Langtriebe, etwa 0,5 cm lang, rosa. Zapfen 3–8 cm lang, hängend. Blütezeit Mai/Juni, Samenreife September/Oktober. **Vorkommen** In Europa vom Tiefland bis in die Alpen bis 1600 m. **Wissenswertes** Von allen europäischen Kiefern hat sie die weiteste Verbreitung: von Portugal bis ans Nordkap und in Ostasien fast bis zur Küste.

Weiß-Tanne

Abies alba (Mitte links und rechts)

> Nadeln stumpf, weiß gestreift
> bis 600 Jahre alt
> Zapfen aufrecht

Merkmale Kieferngewächse (*Pinaceae*). Immergrüner Nadelbaum bis 50 m Höhe, steht einzeln, Äste bis zum Grund. Nadeln kurz, am Ende stumpf, 1–3 cm lang, oben dunkelgrün, unten zwei weiße Streifen, stehen deutlich in zwei Reihen am Zweig. Männliche Blüten klein, gelb, weibliche 2–3 cm lang, hellgrün, stets auf der Oberseite der Zweige. Zapfen aufrecht, 8–15 cm lang, an beiden Enden etwas verschmälert. Blütezeit Mai/Juni, Samenreife September/Oktober. **Vorkommen** In Gebirgen Mittel- und Südeuropas bis 2000 m. **Wissenswertes** Luftverschmutzung führt zum Absterben.

Fichte

Picea abies (unten links und rechts)

> höchster heimischer Baum
> Zapfen hängend
> Nadeln spitz

Merkmale Kieferngewächse (*Pinaceae*). Immergrüner, kegelförmiger Nadelbaum, bis 70 m, meist 30–50 m hoch. Nadeln 1–3 cm, spitz, glänzend dunkelgrün. Männliche Blüten erst rötlich, dann gelblich, nach unten gerichtet, weibliche Blüten aufrecht, rötlich, 5–6 cm. Zapfen hängend, 10–15 cm, harzig. Blütezeit Mai/Juni, Samenreife September bis November. **Vorkommen** Heimisch in Mittelgebirgen und Alpen, oft angepflanzt. **Wissenswertes** Unser häufigstes Nadelholz. Bau- und Tischlerholz, Papierherstellung.

Rot-Buche

Fagus sylvatica (oben links und rechts)

> unser wichtigster Laubbaum
> glatte, silbergraue Rinde
> dreikantige Bucheckern

Merkmale Buchengewächse (*Fagaceae*). Sommergrüner Baum bis 30 m Wuchshöhe. Frei stehend weit ausladend, tief hängende Zweige. Blätter eiförmig, 10–15 cm lang. Männliche Blüten in hängenden Büscheln, weibliche Blüten inmitten eines filzigen, vierklappigen Fruchtbechers, der später verholzt, im Herbst mit dreikantigen Früchten (Bucheckern). Blütezeit April/Mai, Samenreife September/Oktober. **Vorkommen** Überall in Europa häufig. **Wissenswertes** Wichtigster Laubbaum, unserem Klima optimal angepasst. Rotblättrige Blut-Buchen sind Gartenformen.

Stiel-Eiche

Quercus robur (Mitte links und rechts)

> Symbolcharakter
> wird älter als 1000 Jahre
> wertvoller Forstbaum

Merkmale Buchengewächse (*Fagaceae*). Sommergrüner, stattlicher, bis 40 m hoher Laubbaum. Verzweigt sich früh, daher oft kurzer Stamm. Blätter 10–15 cm lang, ungleichmäßig gelappt. Blüten unscheinbar, Früchte (Eicheln) länglich eiförmig, 2–3 cm lang, in Becher. Blütezeit April/Mai, Fruchtreife September/Oktober. **Vorkommen** Überall in Europa, besonders im mitteleuropäischen Flachland. **Wissenswertes** Eichen werden viel älter als Buchen oder Linden. Die älteste deutsche Eiche soll 1400 Jahre alt sein.

Hänge-Birke

Betula pendula (unten links)

> weiße Rinde
> im Herbst goldgelb
> verusacht Pollenallergien

Merkmale Birkengewächse (*Betulaceae*). Sommergrüner Laubbaum, bis 20 m hoch, weiße Rinde. Blätter 3–6 cm, meist dreieckig, im Herbst goldgelb. Blütenkätzchen erscheinen vor den Blättern. Männliche gelbbraun, bis 10 cm, hängend (Verursacher von Pollenallergien); weibliche aufrecht, grünlich. Reife Kätzchen 2–3 cm, hängend. Blütezeit April/Mai, Fruchtreife August/September. **Vorkommen** Anspruchslos, weit verbreitet in ganz Europa. **Wissenswertes** Gezüchtete Formen werden oft als Ziergehölze gepflanzt.

Schwarz-Erle

Alnus glutinosa (unten rechts)

> sehr verbreitet
> Zapfen ganzjährig am Baum
> Pionier auf nassen Böden

Merkmale Birkengewächse (*Betulaceae*). Sommergrün, bis 25 m hoch. Blätter rundlich breit, 4–10 cm lang, am Rand gesägt. Blütenkätzchen erscheinen vor den Blättern. Männliche Kätzchen hängend, 6–12 cm lang und purpurn, weibliche Kätzchen winzig, reifen zu erbsengroßen Zapfen heran. Sie verbleiben ganzjährig am Baum und machen Erlen auch im Winter leicht erkennbar. Blütezeit März/April, Fruchtreife September/Oktober. **Vorkommen** Überall in Europa in Auwäldern, an Bächen und Flüssen. **Wissenswertes** Sie ertragen mehr Bodennässe als alle anderen heimischen Gehölze.

Brombeere

Rubus fruticosus (oben links und rechts)

- undurchdringliche Gebüsche
- zum Teil wintergrün
- saftige Früchte

Merkmale Rosengewächse (*Rosaceae*). Teils wintergrüner, 1–2 m hoher, dicht stacheliger Strauch mit langen, bogig überhängenden Zweigen. Blätter eiförmig, 5–10 cm lang. Blüten weiß bis hellrosa, zu mehreren in lockeren Rispen. Frucht kugelig, schwarz glänzend, saftreich und säuerlich aromatisch. Blütezeit Mai bis August, Fruchtreife August bis Oktober. **Vorkommen** In ganz Europa an Wald- und Gebüschrändern häufig. **Wissenswertes** Zahlreiche kultivierte Sorten in Gärten.

Himbeere

Rubus idaeus (Mitte links)

- stachelig
- schmackhafte Früchte
- Bienenweide

Merkmale Rosengewächse (*Rosaceae*). Sommergrüner Strauch, 1–2 m hoch, stachelig. Blätter eiförmig, 3–8 cm lang, am Rand gesägt, unten weißfilzig. Blüten weiß, nickend. Früchte rot, saftig, schmackhaft. Blütezeit Mai/Juni, Fruchtreife Juli/August. **Vorkommen** Weit verbreitet in ganz Europa. An Waldrändern, in Hecken und Gebüschen. **Wissenswertes** Himbeeren sind seit der Steinzeit wichtige Obstpflanzen, kultiviert seit dem 16. Jahrhundert. Gezüchtete tragen größere Früchte, schmecken aber nicht so intensiv.

Eberesche

Sorbus aucuparia (Mitte rechts)

- »Vogelbeere«
- Parkbaum
- Blüten stinken

Merkmale Rosengewächse (*Rosaceae*). Sommergrüner, bis 15 m hoher Laubbaum. Blätter etwa 20 cm lang, aus 10–15 Fiedern bestehend. Junge Blätter riechen beim Zerreiben nach Marzipan. Blüten etwa 1 cm groß, weiß, zahlreich in dichten Schirmen. Früchte (»Vogelbeeren«) korallenrot, um 1 cm groß. Blütezeit Mai/Juni, Fruchtreife August bis Oktober. **Vorkommen** In fast ganz Europa in lichten Wäldern, Gebüsch und auf Weiden. **Wissenswertes** Häufig in Gärten und Parks gepflanzt. Die Früchte sind Lieblingsspeise vieler Vogelarten und kleiner Säugetiere. Auch für den Menschen sind sie ungiftig, schmecken aber bitter.

Gewöhnliche Trauben-Kirsche

Prunus padus (unten links und rechts)

- blüht frühzeitig
- Blüten in Trauben
- Kirschen sind schwarz

Merkmale Rosengewächse (*Rosaceae*). Sommergrüner, bis 17 m hoher Baum, wächst meist vom Grund an verzweigt. Blätter eiförmig, 5–10 cm lang. Blüten weiß, 1–2 cm groß, im Gegensatz zu anderen Kirschen in hängenden Trauben (Name!). Früchte erbsengroß, schwarz glänzend, leicht bitter, aber essbar. Blütezeit April/Mai, Fruchtreife Juli/August. **Vorkommen** Verbreitet in Europa auf tiefgründigen, feuchten Böden. Zunehmend auch Straßen- und Parkbaum. **Wissenswertes** Bereits ab April entfalten sich Blüten und Blätter gleichzeitig. Die Kirschen werden gern von Vögeln gefressen.

Gewöhnliche Haselnuss

Corylus avellana (oben links und rechts)

> »Strauch der Eichhörnchen«
> erster blühender Strauch im Jahr
> Winterfutter

Merkmale Birkengewächse (*Betulaceae*). Sommergrüner, vom Grund an vielstämmiger, 2–6 m hoher Strauch. Blätter rundlich, 6–10 cm lang, weich behaart, am Rand gesägt. Blütenkätzchen erscheinen lange vor dem Laub. Männliche Kätzchen hängend, gelbbraun, 8–10 cm lang, weibliche knospenförmig. Früchte (Haselnüsse) 1–2 cm lang, eirundlich, in tütenförmigem, zerschlitztem Fruchtbecher. Blütezeit Februar bis April, Fruchtreife August/September. **Vorkommen** In Europa außer Nordskandinavien an Waldrändern und in Hecken. **Wissenswertes** Haselnüsse sind sehr fett- und eiweißreich und damit ein wichtiges Winterfutter für viele Tiere. Die im Handel erhältlichen Haselnüsse stammen meist von einer nah verwandten Art, der Lamberts-Hasel (*C. maxima*). Sie trägt größere, bis 2,5 cm lange Früchte und ist, da weniger frosthart, in Südeuropa und Kleinasien beheimatet.

Berg-Ahorn

Acer pseudoplatanus (Mitte links und rechts)

> im Herbst goldgelb
> Früchte geflügelt
> Zuchtform mit roten Blättern

Merkmale Ahorngewächse (*Aceraceae*). Stattlicher, sommergrüner, bis 40 m hoher Laubbaum. Blätter fünflappig, bis 20 cm lang, am Rand grob gezähnt, im Herbst goldgelb. Blüten in hängenden, etwa 10 cm langen, gelblich grünen Rispen, erscheinen mit dem Laub oder kurz danach. Nussfrüchte mit spitzwinklig zueinander stehenden Flügeln. Blütezeit April/Mai, Fruchtreife September/Oktober. **Vorkommen** Heimisch in Europa außer auf den Britischen Inseln und in Skandinavien. Bei uns hauptsächlich in den Mittelgebirgen bis 1650 m Höhe, aber auch oft als Garten- und Parkbaum. **Wissenswertes** Vom Berg-Ahorn gibt es viele Formen, häufig gepflanzt findet man solche mit rot gefärbten Blättern. Das helle, fast weiße Ahorn-Holz ist ein wertvolles Nutzholz, aus dem Furniere und Tischplatten gefertigt werden.

Stechpalme

Ilex aquifolium (unten links und rechts)

> Blätter stachelig
> Früchte rot, giftig!
> Weihnachtsschmuck

Merkmale Stechpalmengewächse (*Aquifoliaceae*). Immergrüner Strauch oder Baum, meist bis zu 10 m hoch. Blätter ledrig, dick, dunkelgrün glänzend, 3–8 cm lang und am Rand sehr stachelig. Blüten klein, weiß, büschelig in den Blattachseln. Früchte erbsengroß, glänzend rot, giftig! Blütezeit Mai/Juni, Fruchtreife Oktober. **Vorkommen** Wächst wild in Europa, meist als strauchiger Unterwuchs in Wäldern. **Wissenswertes** Aus der Gattung *Ilex* gibt es rund 400 Arten, die vor allem in den Tropen zu Hause sind, nur wenige Arten dringen in die gemäßigten Breiten vor. In Gärten und Parks werden häufig Ziersorten gepflanzt wie die Meservea-Stechpalme (*I. meserveae*) mit kleineren, dunkleren Blättern und sehr zahlreichen Früchten. Stechpalmenzweige sind besonders in England ein beliebter Weihnachtsschmuck.

Gewöhnliche Esche

Fraxinus excelsior (oben links und rechts)

> Baum der Flüsse
> Blätter gefiedert
> Schraubendreh-Früchte

Merkmale Ölbaumgewächse (*Oleaceae*). Sommergrüner, stattlicher, bis 40 m hoher Baum. Blätter 20–40 cm lang, neun- bis 13fach gefiedert. Blüten unscheinbar, Früchte geflügelt, um 3 cm lang. Blütezeit April/Mai, Fruchtreife September/Oktober. **Vorkommen** In ganz Europa verbreitet, vor allem in Schluchten, Mischwäldern und im Tiefland an Flüssen. Oft als Park- oder Zierbaum angepflanzt. **Wissenswertes** Die Früchte der Gewöhnlichen Esche gehören zu den so genannten Schraubendrehfliegern und liefern damit ein beliebtes Kinderspielzeug: Im freien Fall drehen sie sich um ihre Längsachse und bewegen sich zugleich in einer schraubenförmigen Flugbahn. Eschenholz ist ein wertvolles, gut zu bearbeitendes, elastisches Holz. Die ersten Skier wurden daraus gefertigt und heute noch werden Sportgeräte daraus hergestellt.

Zitter-Pappel, Espe

Populus tremula (Mitte links und rechts)

> mit »zappelnden« Blättern
> zweihäusige Bäume
> Wind als Bestäuber

Merkmale Weidengewächse (*Salicaceae*). Sommergrüner, bis 30 m hoher Baum, dessen Blätter schon bei der kleinsten Windbewegung »wie Espenlaub zittern«. Das liegt an den langen, seitlich abgeflachten Blattstielen. Blätter rundlich, 3–7 cm lang mit gewelltem Rand. Es gibt rein männliche und rein weibliche Bäume (zweihäusig). Männliche Blütenkätzchen hängend, rötlich grau, weibliche Kätzchen ebenfalls hängend, grün und seidig behaart, reif 5–10 cm lang und grauzottig. Frucht eine vielsamige Kapsel. Blütezeit März/April, Fruchtreife Mai. **Vorkommen** In ganz Europa häufig. **Wissenswertes** Die Blüten der Pappeln verzichten auf jeden Schmuck und sie duften auch nicht verführerisch. Denn anders als die nah verwandten Weiden brauchen sie keine Insekten zur Bestäubung anlocken. Ihre Pollenmengen werden einfach mit dem Wind verfrachtet.

Sal-Weide

Salix caprea (unten links und rechts)

> weiche Blätter
> Blüten tragen einen Pelz
> frühe Nektarquelle für Bienen

Merkmale Weidengewächse (*Salicaceae*). Sommergrüner, bis 9 m hoher, mehrstämmiger Baum oder Strauch. Blätter eiförmig, 4–12 cm lang, unterseits dicht weißlich behaart. Blütenkätzchen erscheinen lange vor den Blättern. Männliche Kätzchen eiförmig, 3 cm lang, zunächst mit Haarpelz, aufgeblüht dekorativ goldgelb; weibliche länglicher und grün. Blütezeit März bis Mai, Fruchtreife Mai/Juni. **Vorkommen** Ganz Europa. Oft mit anderen Weidenarten an Gewässern, auch an Waldrändern und in Hecken. **Wissenswertes** Die Blütenkätzchen der Sal-Weide erscheinen früh im Jahr. Vor Frostschäden schützt sie ihre jungen Blüten mit einem weißen Haarpelz. Ihre duftenden, nektar- und pollenreichen Blüten sind eine wichtige Nahrung für früh im Jahr fliegende Bienen. Die Kätzchen stehen deshalb unter Naturschutz.

Gewöhnlicher Seidelbast

Daphne mezereum (oben links und rechts)

> sehr giftig!
> Frühblüher im Wald
> Früchte korallenrot, glänzend

Merkmale Seidelbastgewächse (*Thymelaeaceae*). Sommergrüner, bis 1,5 m hoher, rutenförmig wachsender Strauch. Die stark duftenden, rosafarbenen Blüten erscheinen vor den Blättern. Sowohl Blüten als auch die länglichen Blätter stehen büschelig gehäuft an den Zweigenden. Früchte erbsengroß, rot glänzend. Blütezeit Februar bis April, Fruchtreife August/September. **Vorkommen** In fast ganz Europa in schattigen Laub- und Mischwäldern und an Flüssen und Bächen. **Wissenswertes** Alle Teile der Pflanze, Rinde, Blätter, Blüten und Früchte sind für Säugetiere gesundheitsschädlich. Sie enthalten die giftigen Inhaltsstoffe Daphnetoxin, Daphnin und Mezerein, die zu Hautausschlägen führen und Niere und Zentralnervensystem schädigen. Vögel können die Früchte in großen Mengen verzehren und tragen so zur Samenverbreitung bei. Bedrohte und geschützte Art.

Wald-Geißblatt

Lonicera periclymenum (Mitte)

> wächst wie eine Liane
> duftet abends und nachts
> lockt Nachtschmetterlinge

Merkmale Geißblattgewächse (*Caprifoliaceae*). Sommergrüner, über 5 m hoch kletternder Schlingstrauch. Blätter 5–8 cm lang, eiförmig, treiben schon im zeitigen Frühjahr aus. Blüten duftend, röhrenförmig, gelblich weiß, oft rötlich angehaucht, zu mehreren in endständigen Köpfchen. Früchte erbsengroß, dunkelrot. Blütezeit Mai bis August, Fruchtreife August/September. **Vorkommen** In fast ganz Europa in Wäldern, Gebüschen und Hecken. **Wissenswertes** Die Blüten sind zunächst weiß bis cremefarben und rötlich überlaufen, erst nach der Bestäubung verfärben sie sich gelb. Mit ihrem Duft, der besonders intensiv in den Abendstunden ist, locken sie zahlreiche Nachtschmetterlinge an. Im Schwirrflug vor den Blüten stehend, saugen sie mit ihren langen Rüsseln den Nektar aus den Blüten.

Gewöhnliche Waldrebe

Clematis vitalba (unten links und rechts)

> einheimische Liane
> Wildform der Garten-Clematis
> fedrige Früchte auch im Winter

Merkmale Hahnenfußgewächse (*Ranunculaceae*). Sommergrüner, bis über 10 m kletternder Schlingstrauch. Blätter länglich, 3–10 cm. Blüten grünlich weiß, 2–3 cm groß, in reichblütigen Rispen. Früchte fallen schon von weitem auf, sie tragen zahlreiche dicht fedrige, 3 cm lange Griffel, die im Winter am Strauch verbleiben. Blütezeit Juni bis September, Fruchtreife Oktober. **Vorkommen** In feuchten Wäldern und an Waldrändern. **Wissenswertes** Die Waldrebe ist eine der wenigen heimischen Lianen. Bekommt sie genug Nährstoffe, überwuchert sie mit ihren rankenden Blattstielen ganze Bäume und manchmal sogar Baumgruppen. Infolge der Lichtarmut können diese absterben, und nicht selten brechen sie unter der Last der Sprosse zusammen.

Busch-Windröschen

Anemone nemorosa (oben)

› Frühjahrsblüher
› »Osterblume«
› oft in Massenbeständen

Merkmale Hahnenfußgewächse (*Ranunculaceae*). 5–25 cm hohe und zarte Waldblume. Pro Stängel eine leuchtend weiße (auch rötlich überlaufene), 2–4 cm große Blüte aus meist sechs Blütenblättern. Etwa in der Mitte des Stängels entspringt ein Quirl aus drei zerschlitzten Blättern. Blütezeit März bis Mai. **Vorkommen** Laub- und Mischwälder. **Wissenswertes** Das Buschwindröschen ist ein typischer Frühjahrsblüher des Waldes (»Osterblume«). Es entfaltet seine Blätter ab Februar und seine Blüten ab Mitte März, solange die Bäume über ihm noch unbelaubt sind. So nutzt es optimal das im Wald begrenzte Lichtangebot. Nicht selten streckt es seine Blätter durch die Schneedecke hindurch. Die Blüte hält an, bis die Bäume Laub tragen. An geeigneten Standorten bildet es große Bestände aus.

Leberblümchen

Hepatica nobilis (Mitte)

› Märzblümchen
› »Die Blümelein, sie schlafen«
› Blattform leberähnlich

Merkmale Hahnenfußgewächse (*Ranunculaceae*). 5–15 cm hohe, zartlila blühende Waldblume. Blüten aus sechs bis zehn Blütenblättern einzeln am Ende des Stängels, 2–3,5 cm im Durchmesser. Die Blüten erscheinen vor den Blättern (»Tochter vor der Mutter«). Blätter dreilappig, ledrig, oberseits oft braunfleckig, sie entspringen am Grund. Blütezeit März bis Mai. **Vorkommen** Vorzugsweise in Kalk-Buchenwäldern. **Wissenswertes** Der Name Leberblümchen bezieht sich auf ihre leberähnliche Blattform, ihr zweiter Name »Märzblümchen« auf ihre frühe Blütezeit. Wie in dem bekannten Kinder-Schlaflied »Die Blümelein, sie schlafen…« schließt das Leberblümchen abends seine tagsüber weit geöffneten Blüten und »schläft« mit nickenden Blütenköpfchen.

Scharbockskraut

Ranunculus ficaria (unten)

› junge Blätter essbar
› »Zigeunersalat«
› gelbe Blütenteppiche im Frühjahr

Merkmale Hahnenfußgewächse (*Ranunculaceae*). 5–30 cm hoher Frühjahrsblüher mit niederliegendem oder aufsteigendem Stängel. Blüten 2–3 cm groß, aus acht bis zwölf glänzend gelben Blütenblättern. Blätter herzförmig, fleischig und glänzend. Blütezeit März bis Mai. **Vorkommen** In feuchten Wäldern und Gebüschen, oftmals in großen Beständen. **Wissenswertes** Das Scharbockskraut überzieht im April stellenweise den Waldboden mit einem gelben Blütenteppich. Der Name »Scharbock« kommt von »Skorbut« – das ist eine Vitamin-C-Mangelkrankheit, gegen die das Kräutlein Abhilfe schafft. Seine jungen Blätter sind sehr Vitamin-C-haltig und können als Salat verspeist werden. Vom Genuss älterer Blätter muss hingegen abgeraten werden, sie schmecken scharf und bitter, woran man den Gehalt an giftigem Protoanemorin erkennt.

Hohler Lerchensporn

Corydalis cava (oben)

> Giftpflanze!
> blüht lila, weiß und rot
> Frühjahrsblüher

Merkmale Erdrauchgewächse (*Fumariaceae*). 20–30 cm hohe Waldblume mit 10–20 Blüten am Stängelende. Die Blüten sind 2–3 cm lang, tragen einen langen, abwärts gekrümmten Sporn und können lila, rötlich oder weiß gefärbt sein. Blätter zart, zerschlitzt. Blütezeit März bis Mai. **Vorkommen** In feuchten Wäldern und Gebüschen. **Wissenswertes** Der Name bezieht sich auf die walnussgroße, innen hohle Wurzelknolle (sie ist der giftigste Teil der Pflanze!) sowie auf die Blüten, die einen langen Sporn tragen. In ihn wird reichlich süßer Nektar abgeschieden, den Bienen mit ihren langen Rüsseln heraussaugen. Als Gratisdienst bestäuben sie dabei die Blüten. Andere Insekten, die so nicht an den süßen Saft herankommen, stehlen ihn häufig, indem sie einfach den Sporn hinten abbeißen.

Schmalblättriges Weidenröschen

Epilobium angustifolium (Mitte links und rechts)

> Samen mit Haarschopf
> Pionierpflanze
> leuchtend purpurrote Blüten

Merkmale Nachtkerzengewächse (*Onagraceae*). 0,5–1,5 m hoch wachsend mit zahlreichen, weithin leuchtenden, purpurroten Blüten am Stängelende. Einzelblüte schüsselförmig flach, aus vier Blütenblättern bestehend, 2–3 cm im Durchmesser. Blätter schmal und bis 15 cm lang, ähneln Weidenblättern (Name!). Blütezeit Juni bis August. **Vorkommen** Sehr häufige Pflanze auf steinig sandigem Boden, besiedelt Waldlichtungen und Ödländer, in den Alpen Felsschutt. **Wissenswertes** Die hübsche Pflanze taucht urplötzlich auf neu entstandenen Lichtungen und Schutthaufen auf (Pionierpflanze) und breitet sich hier über Wurzelausläufer rasant aus. Jede Pflanze produziert Hunderttausende von Samen. Mit federleichten Haarschöpfen ausgestattet, werden sie vom Wind weit in alle Richtungen verfrachtet.

Wald-Sauerklee

Oxalis acetosella (unten)

> schwach giftig
> blüht im Schatten
> dreiteiliges Kleeblatt

Merkmale Sauerkleegewächse (*Oxalidaceae*). 5–15 cm hohe Waldpflanze mit typischem, dreiteiligem Kleeblatt und lang gestielten, weißen Blüten. Blüte 1–2 cm groß, aus fünf Blütenblättern bestehend, mit deutlich sichtbaren, violetten Adern und gelbem Fleck am Grund. Blütezeit April/Mai. **Vorkommen** Häufig auf feuchten Waldböden. **Wissenswertes** Der Sauerklee ist eine typische Schattenpflanze. Er blüht auch noch unter voll belaubten Bäumen an Stellen, die nur noch von 1% des Sonnenlichts erreicht werden. Damit ist er Rekordhalter unter den mitteleuropäischen Schattenpflanzen. In seinen Blättern enthält er die schwach giftige Oxalsäure und Oxalate (Kleesalze), weshalb man Zurückhaltung beim beliebten Genuss seiner Blätter empfehlen muss! Die seltenen vierblättrigen Kleepflanzen gelten als Glücksbringer.

Wald-Bingelkraut

Mercurialis perennis (oben links)

> giftig!
> riecht widerlich
> rein männliche und weibliche Pflanzen

Merkmale Wolfsmilchgewächse (*Euphorbiaceae*). 10–40 cm hoch mit unverzweigtem Stängel, nur in der oberen Hälfte beblättert. Blätter eiförmig, 4–12 cm lang, Blüten unscheinbar, gelblich grün in länglichen Rispen. Blütezeit März bis Juni. **Vorkommen** In nährstoffreichen Laub- und Mischwäldern. **Wissenswertes** Männliche und weibliche Blüten auf verschiedenen Pflanzen. Die männlichen sind reichblütig, die weiblichen tragen nur ein bis fünf Blüten. Schwach giftig, nicht essbar.

Wald-Veilchen

Viola reichenbachiana (oben rechts)

> liefert »Ameisenbrötchen«
> herzförmige Blätter
> Blüte mit Nektar-Reservoir

Merkmale Veilchengewächse (*Violaceae*). 10–20 cm hohe, zarte Waldpflanze mit herzförmigen Blättern. Die Blüten sind lang gestielt und gespornt, 1,5–2 cm groß, violett und duften süß. Blütezeit März bis Mai. **Vorkommen** Häufig in feuchten Wäldern. **Wissenswertes** Die Samen tragen nährstoffreiche Anhängsel, die gern von Ameisen gefressen werden (»Ameisenbrötchen«). Sie verschleppen die Samen und tragen so zur Verbreitung bei. Der Sporn dient als Reservoir, in dem sich süßer Nektar sammelt. Damit lockt er Hummeln und Bienen zur Bestäubung an.

Wald-Schlüsselblume

Primula elatior (Mitte)

> Frühlingskünder
> goldgelbe, nickende Blüten
> Blätter runzelig

Merkmale Primelgewächse (*Primulaceae*). 10–30 cm hoher Frühblüher mit runzeligen Blättern, die als Rosette am Boden wachsen. Daraus erheben sich die langen Blütenstiele mit jeweils 5–20 Blüten. Blüten goldgelb, 1–2 cm groß, hängend. Blütezeit März bis April. **Vorkommen** In feuchten, nährstoffreichen Wäldern mit lehmigen Böden. **Wissenswertes** Sie blüht sehr früh und ist eine der ersten Nektarpflanzen für Bienen und Hummeln. Als »Frühlingstee« hilft sie ausgezeichnet bei Herzbeschwerden.

Waldmeister

Galium odoratum (unten)

> für Maibowle verwendet
> riecht nach Cumarin
> hilft gegen Schlaflosigkeit

Merkmale Rötegewächse (*Rubiaceae*). 5–25 cm hoch, Blätter in Quirlen wie in Stockwerken übereinander. Blüten klein, weiß und vierzipflig. Blütezeit April bis Juni. **Vorkommen** Häufig in nährstoffreichen, feuchten Wäldern. **Wissenswertes** Waldmeister enthält Cumarine, die seinen charakteristischen Duft ausmachen. Er ist ein beliebter Zusatz zu Kräutertees. Frischer Waldmeister mit Weißwein ergibt die beliebte Maibowle. Verwendet wird das ganze oberirdische Kraut vor oder während der Blüte. Achtung: Zu viel Cumarin erzeugt Kopfschmerzen!

Tollkirsche

Atropa bella-donna (oben links und rechts)

> gefährliche Giftpflanze!
> braunviolette Glocken
> schwarz glänzende Beeren

Merkmale Nachtschattengewächse (*Solanaceae*). 50–150 cm hoch mit eiförmigen Blättern. Blüten 2,5–3,5 cm groß, glockig, braunviolett. Frucht eine schwarz glänzende, etwa 1 cm große Beere. Blütezeit Juni bis August. **Vorkommen** In Wäldern und an Waldrändern. **Wissenswertes** »Tollkirsche« bezieht sich auf das in Blättern und Wurzeln enthaltene Gift Hyoscyamin. Schon kleinste Blatt- oder Wurzelstückchen rufen Verwirrungszustände hervor, die zum Tod führen können. »Bella donna« bedeutet »schöne Frau«, weil der Verzehr der Beeren die Pupillen erweitert, was früher als schön galt. Ein hoher Preis für die Schönheit: Schon der Genuss von drei bis vier Beeren mit dem darin enthaltenen giftigen Atropin kann tödlich enden. Da die Beeren leider gut schmecken, zählt die Tollkirsche zu den besonders gefährlichen Giftpflanzen!

Roter Fingerhut

Digitalis purpurea (Mitte links)

> stark giftig!
> pinkfarbene Glocken
> Hummelblume

Merkmale Braunwurzgewächse (*Scrophulariaceae*). 0,5–1,5 m hoch, mit auffallender Blütentraube. Blüten 3–5 cm groß, glockig und nickend, pinkfarben mit schwarzen Flecken, die weiß umrandet sind. Blätter eiförmig, die meisten am Grund. Blütezeit Juni bis August. **Vorkommen** Auf Waldlichtungen. **Wissenswertes** Ihren Namen trägt sie wegen ihrer fingerhutähnlich geformten Blüten. Die gesamte Pflanze ist stark giftig. Sie enthält mehr als 25 verschiedene Glykoside und Saponine, die Erbrechen und Atemnot bewirken. In der modernen Pharmazie werden diese Digitalis-Glykoside bei Herzbeschwerden in kleinsten Dosen verabreicht und für Kreislauf-Medikamente genutzt. Der Rote Fingerhut ist eine wichtige Nektarpflanze für Hummeln, die man fast ständig in die Blüten hineinfliegen sieht.

Gefleckter Aronstab

Arum maculatum (Mitte rechts und unten)

> raffinierte Blütenfalle
> stinkt nach Aas
> Früchte giftig!

Merkmale Aronstabgewächse (*Araceae*). 20–40 cm hoch mit einem auffälligen, tütenförmigen, hellgrünen Schaublatt, in dem ein braunvioletter Kolben zu sehen ist. Blätter pfeilförmig, meist dunkel gefleckt (Name!). Beeren erbsengroß, leuchtend rot, giftig! Blütezeit April bis Mai. **Vorkommen** In Laubwäldern und Gebüschen mit sehr nährstoffreichen Böden. Fehlt im westlichen Tiefland. **Wissenswertes** Der Aronstab lockt mit seinem Aasgeruch Fliegen und Mücken an. Mit einem Trick bringt er sie dazu, seine Blüten zu bestäuben: Die Insekten rutschen an dem glatten Schaublatt tief nach unten, wo eine zuckrige Flüssigkeit auf sie wartet – und die Blüten. Hier bleiben sie gefangen, bis die Blüten bestäubt sind. Erst dann welkt das Schaublatt und die Insekten können wieder hinaus.

Maiglöckchen

Convallaria majalis (oben links und rechts)

> giftig!
> Blütenöl für Parfums
> Heilmittel

Merkmale Maiglöckchengeewächse (*Convallariaceae*). 10–25 cm hoch mit zwei bis drei großen, elliptischen Blättern. Blüten etwa 1 cm große, weiße Glöckchen, duften intensiv. Blütezeit Mai/Juni. **Vorkommen** In nährstoffreichen Laub- und Mischwäldern. **Wissenswertes** Das Maiglöckchen zählt zu den meistgepflückten Wildblumen, insbesondere zum Muttertag. Doch sowohl Blätter als auch Blüten und Beeren sind giftig! Sie enthalten herzwirksame Glykoside, die in der richtigen Dosierung in der Medizin als Medikament eingesetzt werden. Das süß duftende Blütenöl dient oft als Zusatz zu Parfums.

Gemeiner Gelbstern

Gagea lutea (Mitte links)

> hat nur ein Blatt
> gelbe Sternchenblüten
> Frühblüher

Merkmale Liliengewächse (*Liliaceae*). 10–25 cm hoch mit nur einem langen, schmalen, etwa 1 cm breiten Blatt. Blüten aus sechs gelben Blütenblättern, lang gestielt, 2–3 cm groß. Blütezeit März bis Mai. **Vorkommen** In nährstoffreichen Wäldern mit lockeren, feuchten Böden. Bevorzugt Auwälder. **Wissenswertes** Wie für Liliengewächse typisch entspringt der Gelbstern einer Zwiebel. Schon im Frühsommer stirbt der oberirdische Teil der Pflanze wieder ab, die Reservestoffe werden in der Zwiebel eingelagert , aus ihr wächst im nächsten Frühjahr wieder eine Pflanze heraus.

Bär-Lauch

Allium ursinum (Mitte rechts)

> riecht nach Knoblauch
> Blätter wie beim Maiglöckchen
> essbar

Merkmale Lauchgewächse (*Alliaceae*). 15–50 cm hoch mit maiglöckchenartigen Blättern, die beim Zerreiben nach Knoblauch riechen. Weiße Sternblüten, 1–2 cm groß, zu mehreren am Ende des blattlosen Stängels. Blütezeit April bis Juni. **Vorkommen** In feuchten Laubwäldern fast ganz Europas, oft in Massenbeständen. Fehlt im Norden. **Wissenswertes** Blätter und Zwiebel werden als Knoblauch-Ersatz klein gehackt roh oder gekocht gegessen. Der Geschmack ist scharf zwiebel- bis knoblauchartig.

Vielblütige Weißwurz

Polygonatum multiflorum (unten)

> giftig!
> Blätter in einer Ebene
> Blüten unterhalb der Blätter

Merkmale Maiglöckengewächse (*Convallariaceae*). 30–70 cm hoch, eigenartige Wuchsform: Die breit eiförmigen, 8–15 cm langen Blätter sind fast wie Palmwedel in einer Ebene ausgebreitet, darunter findet man die länglich glockenartigen, etwa 1 cm langen, weißlichen Blüten. Eine bis fünf hängen in den Achseln der Blätter. Beeren blauschwarz, 1 cm groß. Blütezeit Mai bis Juni. **Vorkommen** Im Schatten feuchter Laubwälder. **Wissenswertes** Blätter und Früchte enthalten giftige Saponine!

Waldwolfsspinne

Pardosa lugubris (oben)

> fürsorgliche Mütter
> jagen wie Wölfe
> für den Menschen harmlos

Merkmale Bis 1 cm große, dunkelbraune Spinne mit breitem, hellem Streifen auf dem Vorderkörper. **Vorkommen** Im Bodenlaub, an Waldrändern und auf sonnigen Lichtungen. **Lebensweise** Wolfsspinnen bauen keine Netze, sondern jagen frei auf dem Boden. Dabei erbeuten sie ihre Opfer ähnlich wie Wölfe, nämlich nach vorsichtigem Anschleichen durch einen gezielten Sprung (Name!). Wolfsspinnen sind besonders fürsorgliche Mütter. Ihre Eier spinnen sie in einen seidenen Kokon, den sie vier bis sechs Wochen lang an ihrem Hinterleib mit sich herumtragen. Sind die Jungspinnen geschlüpft, dürfen sie auf dem Rücken der Mutter reiten, bis sie nach etwa einer Woche groß genug für eigene Jagdausflüge sind. **Wissenswertes** Oft sieht man viele Wolfsspinnen nahe beieinander herumlaufen. Das hat mit sozialem Verhalten nichts zu tun, denn kleinere Tiere werden gern gefressen.

Holzbock, Zecke

Ixodes ricinus (Mitte links und rechts)

> saugt Blut
> überträgt gefährliche Krankheiten
> auch auf Wiesen häufig

Merkmale Etwa 0,5 cm groß und rotbraun gefärbt. Mit Blut prall voll gesogene Tiere werden bis 1 cm groß und sehen aus wie gräuliche Kaffeebohnen. Zecken zählen zu den Spinnentieren und haben acht Beine. **Vorkommen** Sehr häufig in Wäldern mit reicher Kraut- und Strauchschicht, aber auch auf Wiesen! **Lebensweise** Die Männchen und Jungtiere (Larven) leben rein vegetarisch. Die Weibchen brauchen zur Entwicklung ihrer Eier aber eine Blutmahlzeit. **Wissenswertes** Beim Saugen können Zecken gefährliche Krankheiten wie Hirnhautentzündung und Borreliose übertragen. Bilden sich nach einem Biss Rötungen um die Wunde, sollte man in jedem Fall einen Arzt aufsuchen! Generell sollte man sich nach sommerlichen Wanderungen durch Wald und Wiese gründlich nach Zecken absuchen.

Brauner Steinläufer

Lithobius forficatus (unten links und rechts)

> nur nachts unterwegs
> unter Steinen versteckt
> kann schmerzhaft beißen!

Merkmale 2–3 cm langer, rotbrauner »Hundertfüßer« mit 15 Beinpaaren und schnurförmigen Fühlern. Das letzte Beinpaar ist auffallend verlängert. Hält zwei mächtige Giftklauen unter dem Kopf verborgen. **Vorkommen** In Wäldern, Wiesen und Gärten. **Lebensweise** Hält sich tagsüber unter Laub, Steinen, Rinde oder Holz verborgen. Kriecht nachts aus seinem Versteck und geht auf Raubzüge. Mit seinen Fühlern ertastet er seine Opfer und packt sofort flink mit seinen Giftklauen zu. Ein Biss, und schon ist seine Beute gelähmt und kann in Ruhe gefressen werden. Fängt Asseln, Spinnen und Insekten. **Wissenswertes** Insbesondere Kinder sollte man beim beliebten »Steinedrehen« darauf hinweisen, dass größere Exemplare des Steinläufers durchaus schmerzhafte Bisse austeilen können!

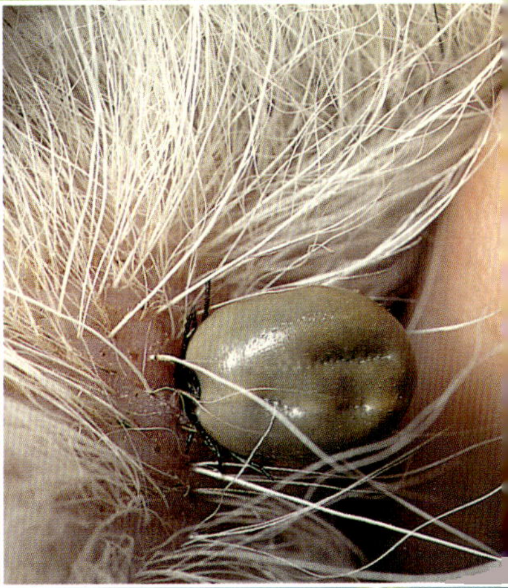

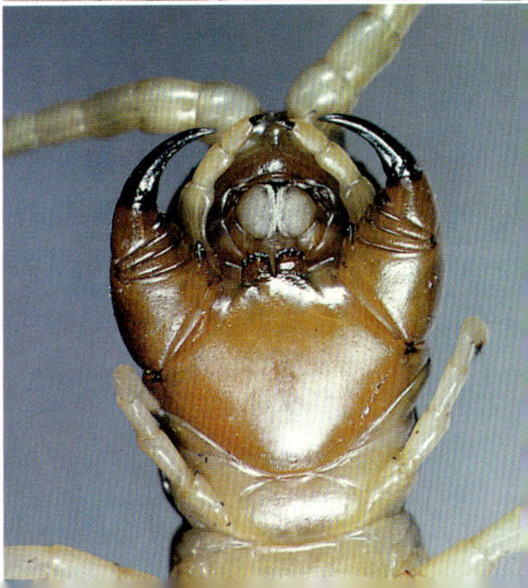

Hain-Laufkäfer

Carabus nemoralis (oben links)

> Greifzangen
> lange Laufbeine
> Schädlingsbekämpfer

Merkmale 2–3 cm langer Käfer, oben glänzend schwarzgrün bis bronzefarben, kräftige Greifzangen, lange Laufbeine (Name!). **Vorkommen** In Wäldern, aber auch in Hecken, Gärten und gelegentlich in Kellern. **Lebensweise** Krabbelt meist nachts durch die Laubstreu und räubert Raupen, Schnecken, Würmer und auch Fallobst. Hält sich am Tag unter Steinen versteckt. **Wissenswertes** Laufkäfer können schädliche Insekten wie Kartoffelkäfer reduzieren, einige Arten nutzt man zur biologischen Schädlingsbekämpfung.

Waldmistkäfer

Geotrupes stercorosus (oben rechts)

> Körper gewölbt
> fliegt mit lautem Brummen durch den Wald
> Larve frisst Kot

Merkmale Etwa 2 cm großer, blauschwarz glänzender, rundlich gewölbter Käfer. **Vorkommen** In Wäldern. **Lebensweise** Frisst tierische Exkremente und spielt eine wichtige Rolle im Naturkreislauf. Neben die Kothaufen graben die Käfer 30–40 cm tiefe Röhren, füllen sie mit Kot und legen ein Ei hinein. Die Larve ernährt sich vom Kot, verpuppt sich darin und erscheint im nächsten Jahr als Käfer. **Wissenswertes** Fliegt an Frühlingsabenden laut brummend dicht über dem Boden auf der Suche nach Kot.

Maikäfer

Melolontha melolontha (Mitte links und rechts)

> Fühler fächerartig
> erscheint im Mai
> gefürchtet: Maikäferjahre

Merkmale 2–3 cm großer, kräftiger Käfer mit kastanienbraunem Rücken, schwarzem Kopf und Hals und gefächerten Fühlern. **Vorkommen** In Wäldern und Feldern, jahrweise häufig. **Lebensweise** Gräbt sich im Mai aus dem Boden (Name!) und beginnt sofort, die Blätter verschiedener Laubbäume (Kastanie, Rotbuche, Eiche u.a.) zu fressen. Gräbt Eier in den Erdboden, die Larven (Engerlinge) fressen Pflanzenwurzeln. **Wissenswertes** Alle drei bis vier Jahre kommt es zu Massenvermehrungen (»Maikäferjahre«), in denen die Käfer Bäume komplett kahl fressen können.

Hirschkäfer

Lucanus cervus (unten links und rechts)

> unser größter Käfer
> mit Zangen wie Geweihe
> braucht alte Eichenwälder

Merkmale Männchen (links) bis 8 cm, mit mächtigen, geweihartigen Zangen am Kopf und rotbraunen Flügeldecken. Weibchen (rechts) 3–5 cm, kleinere Zangen, dunkelbraun. **Vorkommen** Nur in alten Eichenwäldern mit morschen Bäumen in Mittel- und Südeuropa. **Lebensweise** Schwärmt in der Abenddämmerung brummend durch den Wald. Ritzt Bäume an und leckt Baumsäfte. Legt Eier in morsches Holz. Die Larven leben hier fünf bis acht Jahre und werden 11 cm groß! **Wissenswertes** Mit den Zangen kämpfen die Männchen um die Weibchen.

Skorpionsfliege

Panorpa communis (oben links und rechts)

> gefleckte Flügel
> Schwanz wie ein Skorpion
> sticht nicht!

Merkmale Etwa 2 cm groß, durchsichtige Flügel mit dunklen Adern und Flecken. Das Gesicht ist in einen Rüssel verlängert und am Hinterleib des Männchens (links) prangt ein Stachel, der an den von Skorpionen erinnert. **Vorkommen** In feuchten Laubwäldern, Parks und Gärten. **Lebensweise** Frisst tote Kleintiere, die er auch aus Spinnennetzen stiehlt, sowie verrottende Pflanzen und Früchte. **Wissenswertes** Der Stachel dient nicht zum Stechen. Er ist eine Zange, mit der das Männchen das Weibchen (rechts) bei der Paarung festhält.

Rote Waldameise

Formica rufa (Mitte links und rechts)

> baut Hügel
> verspritzt Säure
> Schädlingsbekämpfer

Merkmale Etwa 1 cm groß, rot und schwarz gefärbt. Auffälliger als die Ameise sind ihre Nester. Das sind bis über 1 m hohe Erdhügel, die oben mit Fichtennadeln bedeckt sind. **Vorkommen** Häufig in Nadelwäldern. Nester meist an sonnigen Waldrändern. **Lebensweise** In einem Nest lebt ein ganzes Ameisenvolk aus bis zu 100 000 Tieren. Sie gehen gemeinsam auf Jagd und können so auch größere Tiere erlegen, z. B. Heuschrecken und Käfer. **Wissenswertes** Zur Verteidigung verspritzen sie Ameisensäure, die auf der Haut brennt.

Schwammspinner

Lymantria dispar (unten links)

> Fühler kammartig
> frisst Bäume kahl
> manchmal sehr häufig

Merkmale Etwa 3 cm groß, Männchen braun, Weibchen gelblich weiß. Besonders das Männchen hat auffallend große, kammartige Fühler. Die Raupe ist sehr variabel gefärbt. **Vorkommen** Häufig in Laubwäldern, im Norden selten. **Lebensweise** Die hellen Männchen fliegen auf der Suche nach Weibchen nachmittags im Wald umher. Das Weibchen legt die Eier an Baumrinde ab. In manchen Jahren kommt es zu Massenentwicklungen, dann fressen die Raupen ganze Bäume kahl. Flugzeit Juli bis September. **Wissenswertes** Der Name bezieht sich auf die schwammartigen Eigelege.

Kaisermantel

Argynnis paphia (unten rechts)

> »schön wie des Kaisers Mantel«
> Hochzeitstänze
> an blütenreichen Waldrändern

Merkmale 3,5–4 cm groß und auffallend orange mit schwarzen Punkten und Flecken. **Vorkommen** Auf Waldwiesen, Waldwegen und Lichtungen. **Lebensweise** Die Falter saugen Nektar an den Blüten von Brombeeren, Wasserdost und Disteln, die Weibchen legen ihre Eier an Baumrinde ab. Die Raupen schlüpfen erst nach dem Winter, sie fressen an Veilchen und Himbeeren. Flugzeit Juli und August. **Wissenswertes** Auf sonnigen Waldlichtungen lassen sich die flatterhaften Balztänze beobachten. Dabei wird das Weibchen immer wieder vom Männchen unter- und überflogen.

Sperber

Accipiter nisus (oben)

> **Kleinvogeljäger**
> **quer gestreifte Brust**
> **jagt im Winter am Futterhaus**

Merkmale Etwa krähengroß mit quer gestreifter Unterseite (»Sperberung«). Im Flug sind außerdem die recht kurzen, runden Flügel in Kombination mit dem langen Schwanz ein gutes Erkennungsmerkmal. **Vorkommen** Brutvogel meist in Fichtenforsten, jagt aber in Hecken- und Buschlandschaften, im Winter auch häufig in der Nähe von Ortschaften, wo er vom Kleinvogel-Angebot an Futterhäuschen profitiert. **Lebensweise** Der Sperber ist ein Überraschungsjäger, der plötzlich aus der Deckung herausgeschossen kommt und sich pfeilschnelle Verfolgungsjagden mit Kleinvögeln liefert. Zu seiner Hauptbeute zählen Spatzen, Finken und Amseln. **Wissenswertes** Dass irgendwo ein Sperber lauert, bemerkt man am ehesten an der Reaktion erregter Kleinvögel: Sie lassen dann hohe, durchdringende Alarmrufe hören.

Habicht

Accipiter gentilis (Mitte)

> **des Sperbers »großer Bruder«**
> **erbeutet Vögel ab Drosselgröße**
> **wändiger Überraschungsjäger**

Merkmale Etwas größer als ein Bussard, er ist eine große, kräftige Ausgabe des Sperbers. **Vorkommen** Brütet in Wäldern mit alten Baumbeständen, seine Jagdgebiete liegen in offener, buschreicher Landschaft. **Lebensweise** Schlägt vor allem diejenigen Vögel, die der Sperber aufgrund seiner geringeren Größe kaum noch bekommt. Vor allem Drosseln, Tauben und Eichelhäher stehen auf seinem Speiseplan, aber auch Säugetiere wie Eichhörnchen und Kaninchen. **Wissenswertes** Der Habicht ist der Symbolvogel des Naturschutzes für die rücksichtslose Verfolgung einer Tierart, die zum katastrophalen Rückgang führte. Kaum ein anderer Vogel wurde und wird zum Teil noch so von Jägern, Taubenzüchtern und Kleintierhaltern gehasst wie der Habicht.

Ringeltaube

Columba palumbus (unten links und rechts)

> **gurrt fünfsilbig »hu hu hu – hu hu«**
> **fliegt mit lautem Flügelklatschen auf**
> **im Winter in Schwärmen auf Feldern**

Merkmale Unsere größte Taube. Häufig zu hörender fünfsilbiger Ruf (Türkentaube: dreisilbig). Je ein weißer Fleck an den Halsseiten und eine im Flug auffällige, weiße Flügelbinde. Erschreckt Waldspaziergänger nicht selten, wenn sie urplötzlich mit lautem Flügelklatschen auffliegt. **Vorkommen** Brütet in Wäldern, kleinen Feldgehölzen, Parks, Tierparks und Gärten, zur Nahrungssuche häufig in Trupps auf Äckern. **Lebensweise** Frisst Baumfrüchte wie Eicheln und Bucheckern, aber auch Getreide, Kohl, Klee, Raps und Beerenfrüchte. Schließt sich im Winter mit Artgenossen zu Schwärmen zusammen. **Wissenswertes** Ausgerechnet Ringeltauben, die Lieblingsspeise des Habichts, brüten gern in unmittelbarer Nähe des Habichtsnestes. Hier, in der Zone um sein Nest, sind sie interessanterweise sicher.

Waldohreule

Asio otus (oben links und rechts)

> lange Federohren
> orangefarbene Augen
> brütet in Krähennestern

Merkmale Etwa krähengroße, schlanke Eule (viel schlanker als Waldkauz) mit langen, aufrichtbaren Federohren und orangefarbenen Augen, an denen man sie auch dann erkennt, wenn ihre Federohren angelegt sind. **Vorkommen** Brütet in kleinen Feldgehölzen oder am Waldrand, jagt in offener Landschaft. **Lebensweise** Waldohreulen bauen keine eigenen Nester, sondern brüten in ehemaligen Krähen- und Elsternestern, aber auch in verlassenen Nestern von Greifvögeln, Tauben und in Eichhörnchenkobeln. Leben fast ausschließlich von Feldmäusen. **Wissenswertes** Waldohreulen sind stark vom Angebot an Feldmäusen abhängig. In schlechten Mäusejahren brüten sie erst gar nicht. In kalten Wintern erregen oftmals ganze Trupps von Waldohreulen in Städten Aufsehen. Hier ist das Angebot an Nahrung besser als auf dem Land.

Uhu

Bubo bubo (Mitte)

> größte Eule der Welt
> ruft laut seinen Namen: »U-hu«
> häufig ausgewilderte Vögel

Merkmale Fast so groß wie ein Adler, massiger Körper mit dickem Kopf, großen orangegelben Augen und langen Federohren. **Vorkommen** Bedrohte Eule. Hauptsächlich Brutvogel in den Alpen und im Mittelgebirge, durch Aussetzen gezüchteter Vögel auch wieder kleine Bestände im Flachland. **Lebensweise** Jagt überwiegend nachts, erbeutet häufig Igel, Ratten und Vögel bis Entengröße, kann sogar Hasen fangen. Brütet in Felswänden, Wäldern und Kiesgruben. **Wissenswertes** Durch starke Bejagung wurde der Uhu in weiten Landesteilen ausgerottet. Viele der heute bei uns brütenden Paare sind ausgewilderte Vögel. Dass die Wiederansiedlung gelang, zeigt, dass der Lebensraum für die bedrohte Eule noch existiert. Für den Menschen ist diese große Eule nicht gefährlich.

Waldkauz

Strix aluco (unten links und rechts)

> unheimliches »huuu huhuhuhuh«
> brütet in Höhlen
> am Brutplatz aggressiv

Merkmale Gedrungene, kompakte Eule, größer als eine Krähe. Mit großem, rundem Kopf und – im Unterschied zur Waldohreule – schwarzen Augen. Ihr nächtlich vorgetragener Reviergesang wird vielfach in Kriminalfilmen eingesetzt, denn er klingt so schön schauerlich. **Vorkommen** In Wäldern, Parks und auf Friedhöfen häufig. **Lebensweise** Das Weibchen legt seine Eier in Baumhöhlen, aber auch auf Dachböden, in Nistkästen oder alte Krähennester. Waldkäuze jagen oft von Sitzwarten aus, unternehmen aber auch Suchflüge, plündern Nester und fischen. Am liebsten fressen sie Mäuse, aber auch Kleinvögel oder Frösche. **Wissenswertes** Der Waldkauz ist in Bezug auf seine Jagdtechnik, Beute und Neststand unsere vielseitigste und anpassungsfähigste Eule.

Schwarzspecht

Dryocopus martius (oben links)

> größter europäischer Specht
> ruft weit schallend »kliööhhh«
> lange Trommelwirbel

Merkmale Knapp krähengroß, schwarz, kräftiger, heller Schnabel, rote Kopfkappe. **Vorkommen** In Wäldern mit alten Bäumen. **Lebensweise** Zimmert Bruthöhlen z. B. in mindestens 80–100-jährige Buchen. Sucht seine Nahrung in Mischwäldern mit vermodernden Bäumen und Totholz. Hackt mit seinem Schnabel holzbewohnende Insekten und Larven heraus. **Wissenswertes** Die rote Kappe reicht beim Männchen von der Stirn bis zum Scheitel, ist beim Weibchen nur am Hinterkopf.

Buntspecht

Dendrocopus major (oben rechts)

> häufigster Specht Europas
> im Winter am Futterhaus
> zimmert Baumhöhlen

Merkmale Etwa amselgroß, schwarzweiß. Männchen mit rotem Fleck am Kopf. **Vorkommen** Häufiger Brutvogel in allen Wäldern, auch in Parks und Gärten. **Lebensweise** Unser vielseitigster Specht. Frisst bevorzugt holzbewohnende Käfer und Schmetterlingslarven, aber auch Eier und Jungvögel und im Winter Samen von Kiefern und Fichten. Regelmäßiger Gast am Futterhaus. Brütet in selbst gezimmerten Baumhöhlen. **Wissenswertes** Trommelt ausgiebig an guten Resonanzböden.

Nachtigall

Luscinia megarhynchos (Mitte)

> »Es war die Nachtigall ...«
> singt nachts
> überwintert in Afrika

Merkmale Größer als ein Spatz, braun mit rostrotem Schwanz. Nächtlicher, schluchzender Gesang mit klaren Flötenstrophen. **Vorkommen** Brütet in buschreichen Wäldern, Parks und Gärten. **Lebensweise** Lebt sehr versteckt. Frisst Insekten und Beerenfrüchte. **Wissenswertes** Berühmt seit Shakespeare's Romeo und Julia, wo sie tragischerweise mit der Lerche verwechselt wird (»Es war die Nachtigall und nicht die Lerche!«). Allerdings singen die meisten Nachtigallen in der Morgen- und Abenddämmerung – nur wer noch kein Weibchen hat, der muss auch nachts noch singen.

Trauerschnäpper

Ficedula hypoleuca (unten)

> fängt Insekten im Flug
> brütet in Höhlen und Nistkästen
> überwintert im tropischen Afrika

Merkmale Kleiner als ein Spatz, schwarz und weiß mit feinem Schnabel. **Vorkommen** Verbreiteter Brutvogel in lichten Wäldern, Gärten und Parks. **Lebensweise** Sitzt ruhig auf einer Warte, meist zwischen Blättern auf Ästen, und erbeutet von hier aus überfallartig fliegende Insekten wie Mücken, Fliegen und Schmetterlinge. Brütet in natürlichen Baumhöhlen oder in Nistkästen. **Wissenswertes** Trauerschnäpper kommen nur da vor, wo es geeignete Bruthöhlen gibt. Wo diese knapp sind, sieht man sie mit Meisen um bereits besetzte Höhlen kämpfen.

Wintergoldhähnchen

Regulus regulus (oben links)

- › kleinster europäischer Vogel
- › turnt in Baumwipfeln
- › oft in Nadelwäldern

Merkmale Winzig, etwa nur halb so groß wie ein Spatz. Graugrün mit gelb-schwarz gestreiftem Scheitel. Am ehesten durch den feinen, hohen Gesang, ein auf- und absteigendes »sisisisi«, auszumachen. **Vorkommen** Verbreiteter Brutvogel vor allem in Nadelwäldern. **Lebensweise** Turnt meist hoch oben im Geäst, wobei er Blattläuse von den Blättern absammelt. Baut ein Nest aus Spinnweben, Moos und Federn. **Wissenswertes** Im Winter oft mit Meisen am Futterhäuschen.

Haubenmeise

Parus cristatus (oben rechts)

- › zimmert eigene Bruthöhle
- › trägt eine Haube
- › ruft »zi gürrr«

Merkmale Größe wie Blaumeise, schwarzweiß gezeichneter Kopf mit spitzer Federhaube. **Vorkommen** Häufiger Brutvogel in Nadelwäldern, aber auch in Parks und Gärten. **Lebensweise** Kommt nur da vor, wo sie das ganze Jahr Deckung in immergrünen (Nadel-)Bäumen findet. Hackt Bruthöhlen in morsches Holz oder Baumstubben. Frisst Insekten und Samen von Nadelbäumen. Legt Nahrungsvorräte zwischen Zweigen und Nadeln an. **Wissenswertes** Im Winter seltener am Futterhaus als andere Meisen, wesentlich scheuer.

Waldbaumläufer

Certhia familiaris (Mitte links)

- › sehr klein
- › klettert an Baumstämmen
- › im Winter an Futterstellen

Merkmale Kleiner als ein Spatz, typisch sind das rindenfarbige Gefieder und der feine, gebogene Schnabel. **Vorkommen** Brütet hauptsächlich in Nadelwäldern. **Lebensweise** Klettert senkrecht an Baumstämmen hoch, erbeutet dabei kleine Insekten und Spinnen. Das Nest aus Pflanzenmaterial wird in Spalten, hinter Rinde oder in Höhlen versteckt. **Wissenswertes** Nah verwandt ist der Gartenbaumläufer. Er brütet häufig in Mischwäldern, Parks und in Gärten mit alten Bäumen.

Pirol

Oriolus oriolus (Mitte rechts und unten)

- › typische gelbschwarze Färbung
- › wellenförmiger Flug
- › »düdlio«-Rufe

Merkmale Etwa amselgroß, kräftiger Schnabel, Männchen (unten) leuchtend gelb und schwarz, Weibchen (Mitte rechts) und Jungvögel grünlich gelb. Scheu und daher trotz auffälliger Färbung leicht zu übersehen. Eher anhand ihrer flötenden »düdlio«-Rufe auszumachen. **Vorkommen** Hauptsächlich in sonnigen, aber feuchten Laubwäldern und Auwäldern. **Lebensweise** Verborgen in laubreichen Baumkronen, das kunstvolle Napfnest hängt meist in Astgabeln. Futtersuche in dichtem Laub, vor allem Raupen und Früchte. **Wissenswertes** Mit der Zerstörung alter Laubwälder und Auenlandschaften ist der Pirol bei uns selten geworden.

Eichelhäher

Garrulus glandarius (oben)

> **bunter Rabe**
> **pflanzt neue Wälder**
> **blauweiße Flügelabzeichen**

Merkmale Etwas kleiner als eine Krähe und unser buntester Rabenvogel: Er ist rötlich braun gefärbt mit blauweißen Flügelabzeichen, die ebenso wie der weiße Rückenfleck besonders im Flug auffallen. **Vorkommen** In Wäldern und kleinen Feldgehölzen mit Eichen, außerhalb der Brutzeit auch in Gärten. **Lebensweise** Frisst Eicheln und andere Früchte, Insekten, Eier und Jungvögel. Brütet auf Bäumen und Büschen. **Wissenswertes** Im Herbst sieht man Eichelhäher häufig unermüdlich zwischen Eichen und einem nahen Waldstück hin- und herfliegen, den dicken Kehlsack prall gefüllt mit bis zu zwölf Eicheln. Ein einziger Vogel versteckt so jedes Jahr mehrere zehntausend Eicheln als Wintervorrat – diejenigen, die er davon nicht wiederfindet, keimen zu neuen Nahrungsbäumen heran.

Buchfink

Fringilla coelebs (Mitte links und rechts)

> **unser häufigster Fink**
> **»Zi zi würzgebier«**
> **in Trupps am Futterhaus**

Merkmale Spatzengroß mit kräftigem Finkenschnabel, das Männchen (links) zur Brutzeit zimtbraun mit grauem Kopf, das Weibchen (rechts) schlicht olivgrau. Im Flug zwei weiße Binden auf jedem Flügel. **Vorkommen** Überall da, wo es Bäume gibt; einer unserer häufigsten Brutvögel von der Küste bis zum Hochgebirge. **Lebensweise** Buchfinken sieht man zur Nahrungssuche häufig mit ruckartigen Trippelschritten am Boden herumlaufen, hier picken sie hauptsächlich Samen auf, zur Brutzeit aber auch Insekten. Ihr Nest bauen sie meist in Astgabeln auf Büschen und Bäumen, aber auch an Häusern. **Wissenswertes** Seinen eingängigen Gesang (»Finkenschlag«) hat schon jeder gehört: Er besteht aus einer schmetternden Strophe abfallender Tonhöhe und klingt wie »zi zi zizizizi würzgebier«.

Kernbeißer

Coccothraustes coccothraustes (unten)

> **»Kirschkernbeißer«**
> **versteckt in Baumkronen**
> **im Winter am Futterhaus**

Merkmale Deutlich größer als ein Spatz, fast starengroß. Braunrot mit grauem Nacken, wobei das kräftiger gefärbte Männchen bunt wirkt. Typisch sind der dicke Kopf und der schon aus der Ferne augenfällige, massige Schnabel. **Vorkommen** Brütet in Buchenwäldern, Parks und größeren Gärten mit hohen Bäumen. **Lebensweise** Kernbeißer leben versteckt hoch oben in Baumkronen und verraten sich am ehesten durch ihre scharfen »zick«-Rufe. Ihre Nester bauen sie hoch oben in Laubbäumen. Sie fressen Früchte und hartschalige Samen, im Frühjahr auch Knospen. Mit ihren kräftigen Schnäbeln knacken sie sogar die Samen von Steinobst (»Kirschkernbeißer«). **Wissenswertes** Im Winter sieht man sie nicht selten in gemischten Finkentrupps am Futterhaus, wo sie sprungartig am Boden umherhüpfen.

Waldspitzmaus

Sorex araneus (oben)

> keine echte Maus
> Einzelgänger
> frisst Insekten

Merkmale Typische Insektenfresser-Gestalt (keine Maus!): lange und spitze, rüsselförmige Schnauze, winzige Augen und Ohren und samtweiches Fell. Kleiner als eine Hausmaus. **Vorkommen** In Wäldern, Wiesen, Gärten und Parks, im Winter auch in Gebäuden. **Lebensweise** Sucht in dichtem Bodenbewuchs nach Nahrung. Als Vertilger von Würmern, Spinnen, Schnecken, Käfern und Aas sind Spitzmäuse, genau wie der verwandte Igel, für den Menschen ausgesprochene Nützlinge. Baut ein Kugelnest unter Baumwurzeln, oft auch unter Holzstapeln. **Wissenswertes** Spitzmäuse werden zwar vielfach von Eulen oder Katzen gefangen (auch sie halten die kleinen Tiere zunächst für Mäuse), dann aber wegen ihres penetranten Moschusgeruches meist liegen gelassen.

Waldmaus

Apodemus sylvaticus (Mitte)

> langer Schwanz
> eine der häufigsten Mäuse
> besetzt Vogelkästen

Merkmale Mit etwa 10 cm so groß wie eine Hausmaus, der Schwanz ist noch einmal genauso lang. Oberseits graubraun (nicht grau wie die Hausmaus), die Unterseite ist weißlich. Große Augen und Ohren verraten das Nachttier. **Vorkommen** In Wäldern, Hecken, Feldern, Wiesen, Parks und Gärten, im Winter auch in Gebäuden. **Lebensweise** Einzelgänger, der hauptsächlich in der Dämmerung und nachts unterwegs ist. Die Tiere springen sehr gut und klettern gern auf Bäume. Sie graben tiefe Gänge mit Nest- und Vorratskammern. Hier horten sie Haselnüsse, Eicheln und Bucheckern für den Winter. Im Sommer fressen sie Grassamen, Getreide, Knospen, Früchte, Insekten, Würmer und Schnecken. **Wissenswertes** Nicht selten werden Vogel-Nistkästen von den gut kletternden Waldmäusen besetzt.

Rötelmaus

Clethrionomys glareolus (unten links und rechts)

> leicht zu beobachten
> rotbrauner Rücken
> Massenvermehrungen

Merkmale So groß wie eine Hausmaus, oberseits kräftig rotbraun, Bauchseite weißlich. Im Gegensatz zur Waldmaus mit kleinen Ohren und nur etwa halbkörperlangem Schwanz. **Vorkommen** In Wäldern, Wiesen, Parks, Hecken und Gebüschen, im Winter gelegentlich auch in Gebäuden. **Lebensweise** Die geselligen Wühlmäuse sind dämmerungs- und nachtaktiv, häufig aber auch am Tage tätig und dann leicht zu beobachten, weil wenig scheu. Ihre Nestkammern bauen sie in Reisighaufen oder in morschen Baumstümpfen. Hier bringen die Weibchen bis zu viermal im Jahr drei bis sieben Junge zur Welt. Diese können sich bereits wieder im Alter von zehn Wochen fortpflanzen. **Wissenswertes** Gibt es genug zu fressen, kommt es leicht zu Massenentwicklungen. Davon profitieren ihre Fressfeinde, die Eulen.

Rotfuchs

Vulpes vulpes (oben)

> schlau
> roter Pelz und buschiger Schwanz
> Hauptspeise: Mäuse

Merkmale Wie ein mittelgroßer, kurzbeiniger Hund. Unverwechselbar mit seinem roten Fell und dem mächtigen, buschigen Schwanz. **Vorkommen** Ursprünglich ein Waldbewohner; heute in fast allen Lebensräumen vom Wattenmeer der Küste bis zum Hochgebirge. **Lebensweise** Dämmerungs- und nachtaktiv, frisst hauptsächlich Mäuse. Bringt Junge in Erdhöhlen zur Welt. **Wissenswertes** Der sprichwörtliche »schlaue Fuchs« ist allen Versuchen, ihn bei uns loszuwerden, entkommen. Anders als die ebenfalls ursprünglich bei uns beheimateten, aber längst ausgerotteten Raubtiere Bär, Wolf und Luchs gibt es den Fuchs immer noch und gar nicht so selten. Überaus vorsichtig und anpassungsfähig nutzt er viele verschiedene Lebensräume und Nahrungsquellen bis hin zu Mülltonnen mitten in den Großstädten.

Dachs

Meles meles (Mitte)

> Gesicht schwarz-weiß gestreift
> die Burg im Wald
> Fuchs als Untermieter

Merkmale Wie ein mittelgroßer, plumper und schwerfälliger Hund. Kurze Beine und schwarz-weiß gestreiftes Gesicht. **Vorkommen** In Wäldern, Flussauen und Gebirgen. **Lebensweise** Dachse halten sich tagsüber und im Winter mehrere Monate in ihren Bauten auf. Entsprechend geräumig legen sie ihre »Dachsburgen« an. Das sind bis zu 30 m weit verzweigte Gangsysteme mit verschiedenen Ein- und Ausgängen und geräumigen Höhlen auf mehreren Etagen, an denen fast ständig weitergebaut wird. Dachse sind Allesfresser, vom Regenwurm über Schnecken, Insekten und Jungvögel bis zu Früchten und Aas ist ihnen alles recht. **Wissenswertes** Dachsburgen werden über Generationen weitervererbt und oft von mehreren Tieren bewohnt. Sie sind so geräumig, dass darin häufig noch der Fuchs als Untermieter Platz findet.

Baummarder

Martes martes (unten)

> geht nachts auf Beutefang
> springt von Baum zu Baum
> gelber Kehllatz

Merkmale Katzengroß, aber kurzbeiniger mit langem, buschigem Schwanz. Färbung kastanienbraun mit typischem, gelbem Kehlfleck. **Vorkommen** In höhlenreichen Wäldern, Parks und Gebirgen. **Lebensweise** Einzelgänger, der am liebsten in der Dämmerung und nachts unterwegs ist. Meist am Boden, klettert und springt aber auch bis zu 4 m von Baum zu Baum. Besitzt mehrere Lager in Baumhöhlen oder verlassenen Nestern. Als Nahrung dienen Eichhörnchen, Mäuse, Vögel, Eier, Obst und größere Insekten. Besonders nachts kommen ihm sein vorzügliches Gehör und sein feiner Geruchssinn zugute. **Wissenswertes** Der Baummarder hat noch einen Bruder mit weißer statt gelber Brust, den Steinmarder. Dieser ist viel weniger scheu und lebt in unmittelbarer Nähe des Menschen (siehe S. 54).

Wildschwein

Sus scrofa (oben links und rechts)

- Allesfresser
- beliebtes Jagdwild
- gestreifte Frischlinge

Merkmale Kräftige Schweine mit dicht borstigem, dunkelbraunem Fell. Männchen (»Keiler«) bis zu 1,8 m lang und 350 kg schwer mit hervorstehenden Eckzähnen (»Hauer«) im Unterkiefer. **Vorkommen** In Wäldern, zur Nahrungssuche häufig auf Feldern. **Lebensweise** Nah verwandte Weibchen (»Bachen«) bilden mit ihren Jungen (»Frischlinge«) Familienverbände von bis zu 50 Tieren. Zur Nahrungssuche oft auf Maisäckern. Die Keiler sind außerhalb der Paarungszeit Einzelgänger. **Wissenswertes** Bachen verteidigen ihre Frischlinge aggressiv, auch gegenüber Menschen.

Rothirsch

Cervus elaphus (Mitte links und rechts)

- König unserer Wälder
- herbstliches Brunftgeschrei
- mächtiges Stangengeweih

Merkmale Unser größter Hirsch (bis zu 350 kg). Im Sommer rotbraun, im Winter graubraun. Männchen (links) mit großem Stangengeweih, Weibchen (rechts) geweihlos. **Vorkommen** Große Wälder mit Freiflächen, Heiden und Moore. **Lebensweise** In Rudeln, Hirschkühe mit Jungen getrennt von den Hirschen, treffen nur zur Fortpflanzungszeit (»Brunft«) Ende September bis Mitte Oktober zusammen. Frisst Kräuter, Blätter und Baumfrüchte, schält Rinde von Bäumen. **Wissenswertes** Im Spätwinter verlieren die Hirsche ihr Geweih und bilden in 100 Tagen ein neues.

Damhirsch

Cervus dama (unten links)

- Schaufelgeweih
- weiß gepunktet
- oft in Gattern

Merkmale Mittelgroß (bis zu 200 kg schwer). Im Sommer rotbraun mit weißen Punkten, im Winter dunkler und schwächer gepunktet. Männchen mit Schaufelgeweih, Weibchen ohne. **Vorkommen** Mischwälder in Ebenen und Mittelgebirgen. **Lebensweise** Lebt im Sommer getrennt nach Geschlechtern, im Herbst zur Brunft treffen sich die Tiere und bleiben bis zum Frühjahr zusammen. Fressen Gräser, Kräuter, Baumfrüchte und Rinde. **Wissenswertes** Wirft sein Geweih im April/Mai ab, das neue ist Ende August fertig. Oft in Parks und Gattern.

Reh

Capreolus capreolus (unten rechts)

- unser kleinster Hirsch
- kurzes Geweih
- Kitze gepunktet

Merkmale Grazil, im Sommer rotbraun, im Winter graubraun, Männchen mit kurzem, nur bis 30 cm langem Geweih. **Vorkommen** In lichten Wäldern, zur Nahrungssuche oft auf Feldern. **Lebensweise** In kleinen Familienrudeln, die Böcke einzeln. Im Herbst und Winter in gemischten Rudeln. Fressen Knospen von Laubbäumen und Tannen, Kräuter, Baum- und Feldfrüchte. **Wissenswertes** Kitze sind geruchlos und werden zum Schutz gegen Feinde in dichter Vegetation versteckt. Ist die Gefahr vorbei, kehrt die Mutter zu ihnen zurück.

Lebensraum Wiese und Feld

Auf Feldern und Wiesen leuchten Margeriten mit Kornblumen und rotem Klatschmohn um die Wette, Bienen und Hummeln summen neben Schmetterlingen und Grashüpfern, während der Kuckuck seinen Namen durch die offene Landschaft ruft. Außer den Bergwiesen sind fast alle unsere heutigen Wiesen, und natürlich erst recht die Felder, durch Menschenhand entstanden. Viele Pflanzen und Tiere fanden so einen neuen Lebensraum. Und wo der Mensch ihnen nicht den Garaus mit Gülle und Spritzmitteln macht, finden wir sie hier auch heute noch!

Gewöhnlicher Wacholder

Juniperus communis (oben links und rechts)

> immergrün
> säulenförmig
> Küchengewürz

Merkmale Zypressengewächse (*Cupressaceae*). Immergrüner, 0,5–6 m hoher Strauch. Blätter nadelförmig, 1–2 cm lang, steif, stechend. Blüten klein, unscheinbar, am Grund der Nadeln. Beeren reif schwarzbraun, bläulich bereift, 0,5–1 cm. **Vorkommen** In Europa auf sandigen Böden in sonniger Lage. Häufig in Heiden und an Felshängen. Blütezeit April bis Juni, Samenreife August bis Oktober. **Wissenswertes** Die Beeren sind begehrte Vogelnahrung, beliebtes Küchengewürz und werden als harntreibendes, blutreinigendes Mittel verwendet.

Hundsrose

Rosa canina (Mitte links und rechts)

> unsere häufigste Rose
> Hagebutten-Tee
> Winternahrung für Vögel

Merkmale Rosengewächse (*Rosaceae*). 1–3 m hoher, stacheliger Strauch mit überhängenden Zweigen. Blätter fünf- bis siebenteilig, Blüten 5 cm groß, weiß bis rosa, schwach duftend. Früchte (Hagebutten) 2–2,5 cm groß, eiförmig und korallenrot. Blütezeit Mai/Juni, Fruchtreife September/Oktober. **Vorkommen** Eine der häufigsten Rosen Mitteleuropas, von der Ebene bis 1500 m Höhe an sonnigen Wegrändern und auf Lichtungen. **Wissenswertes** Hagebutten sind ein begehrtes Winterfutter für Vögel und Säugetiere. Sie enthalten zehnmal mehr Vitamin C als Zitronen.

Eingriffliger Weißdorn

Crataegus monogyna (unten links)

> Heckenpflanze
> Blüten duften süß
> Herzmittel

Merkmale Rosengewächse (*Rosaceae*). Bis 8 m hoher, dicht verzweigter, dorniger Strauch oder Baum. Blätter tief gebuchtet mit drei bis fünf spitzen Lappen. Blüten weiß, etwa 1 cm groß, gehäuft in Dolden. Frucht erbsengroß und rot. Blütezeit Mai/Juni, Fruchtreife August/September. **Vorkommen** Überall in Europa an Waldrändern und in Hecken. **Wissenswertes** Blätter und Früchte enthalten herzwirksame Stoffe. Weißdorn eignet sich gut als Heckenpflanze, er verträgt einen kräftigen Rückschnitt.

Schlehe, Schwarzdorn

Prunus spinosa (unten rechts)

> blüht vor dem Blattaustrieb
> Früchte essbar, sehr sauer
> liefert Schlehenlikör

Merkmale Rosengewächse (*Rosaceae*). 1–4 m hoher, dicht verzweigter, dorniger Strauch mit schwärzlicher Rinde. Blätter länglich, 2–5 cm lang. Blüten erscheinen vor den Blättern, etwa 1 cm groß, duften nach Mandeln. Früchte (Schlehen) sehr sauer, schwarzblau, weißlich bereift, etwa 1 cm groß, bleiben den Winter über am Strauch. Blütezeit März/April, Fruchtreife September/Oktober. **Vorkommen** In fast ganz Europa häufig in sonnigen Lagen. **Wissenswertes** Die Früchte sind erst nach einigen Frösten genießbar, sie werden zu Schnäpsen und Marmeladen verarbeitet.

Blutroter Hartriegel

Cornus sanguinea (oben links und rechts)

> Zweige im Winter tiefrot
> Bodenfestiger
> schwarzblaue Früchte

Merkmale Hartriegelgewächse (*Cornaceae*). 2–5 m hoher, reich verzweigter Strauch oder Baum. Blätter bis 10 cm lang, 4 cm breit, im Herbst weinrot. Blüten weiß, 0,5 cm groß, an Zweigenden zu Schirmen gehäuft. Reife Früchte schwarzblau, etwa erbsengroß. Blütezeit Mai/Juni, Fruchtreife September. **Vorkommen** In fast ganz Europa sowohl in Gewässernähe als auch an trockenen Hängen. **Wissenswertes** Wegen seiner ausladenden Wurzelsprosse eignet er sich gut als Bodenfestiger und Pioniergehölz. Sein Name bezieht sich auf die im Winter blutroten Zweige und auf sein hartes Holz.

Gewöhnliches Pfaffenhütchen

Euonymus europaeus (Mitte links und rechts)

> giftig!
> Zweige vierkantig
> Früchte pink und orange

Merkmale Baumwürgergewächse (*Celastraceae*). 2–6 m hoher Strauch mit häufig vierkantigen Zweigen. Blätter eiförmig, 3–8 cm lang, gesägt. Blüten klein, grünlich, Früchte pink, öffnen sich nach unten, Samen orange ummantelt. Blütezeit Mai/Juni, Fruchtreife August bis Oktober. **Vorkommen** In fast ganz Europa an Waldrändern, Hecken und Gebüschen. **Wissenswertes** Rinde, Blätter und Samen giftig. Der Name bezieht sich auf die Form der Früchte, die an »des Pfaffen Hütchen« (das Barett) erinnern.

Besenginster

Cytisus scoparius (unten links)

> Blüten goldgelb
> mag es sonnig und warm
> geeignet zum Besenbinden

Merkmale Schmetterlingsblütler (*Fabaceae*). Meist 1–2 m hoher, besenartiger Strauch. Junge Triebe grün, sehr biegsam. Blätter kleeblattähnlich, Blüten leuchtend gelb, bis 2,5 cm lang. Früchte (Hülsen) flach, schwarz und 3–5 cm lang. Blütezeit Mai/Juni, Fruchtreife August/September. **Vorkommen** In Mittel- und Südeuropa auf trockenen Böden in sonnigen Lagen. An Böschungen, Dünen und auf Heiden. **Wissenswertes** Einziger heimischer Ginster Mitteleuropas. Viele Züchtungen (auch mit rötlichen Blüten) im Handel. Früher verwendete man den Besenginster zum Besenbinden (Name!).

Heidekraut, Besenheide

Calluna vulgaris (unten rechts)

> bildet großflächige Heiden
> immergrün
> verträgt keinen Schatten

Merkmale Heidekrautgewächse (*Ericaceae*). 20–50 cm hoher, sparriger, immergrüner Kleinstrauch. Blätter winzig, 1–3 mm lang, Blüten glöckchenförmig, lila-rosa, in reichblütigen Trauben an den Zweigenden. **Vorkommen** Fast ganz Europa, außer im Süden, auf mageren Böden mit viel Sonne. Auf Heiden und in lichten Wäldern. **Wissenswertes** Teils landschaftsprägend, z. B. in der Lüneburger Heide. Nach der Rodung der Wälder und Trockenlegung der Moore konnte sich das Kleingehölz hier rasch ausbreiten.

Schwarzer Holunder

Sambucus nigra (oben links und rechts)

> weiße Blütenschirme
> schwarze »Fliederbeeren«
> dunkelroter Saft

Merkmale Geißblattgewächse (*Caprifoliaceae*). Bis 7 m hoher Strauch oder Baum mit überhängenden Zweigen und dicht belaubter Krone. Die Zweige enthalten viel weiches, weißes Mark. Blätter 10–30 cm lang, meist fünfzählig gefiedert. Blüten weiß, in 10–15 cm breiten, flachen Schirmen, streng süßlich riechend. Früchte glänzend schwarz, erbsengroß. Blütezeit Juni, Fruchtreife August/September. **Vorkommen** Fast überall in Europa an feuchten Waldrändern, in Gebüschen, Hecken und an Wegrändern. **Wissenswertes** Im Volksmund auch Hollerbusch oder (im Niederdeutschen) Flieder genannt, gehörte der Holunder als lebendige Hausapotheke früher an jedes Haus. Die reifen Früchte enthalten viel Vitamin C, als »heißer Fliederbeersaft« vertreiben sie im Winter die Erkältung.

Gemeiner Schneeball

Viburnum opulus (Mitte links und rechts)

> Früchte nicht essen!
> Blüten wie Schneebälle
> Schaublüten locken Insekten

Merkmale Geißblattgewächse (*Caprifoliaceae*). Schnellwüchsiger, bis 4 m hoher Strauch. Blätter drei- bis fünflappig, bis 12 cm lang, Blüten klein und weiß, zu Schirmen vereint, mit auffällig vergrößerten Randblüten. Früchte 1 cm groß, scharlachrot. Blütezeit Mai/Juni, Fruchtreife August/September. **Vorkommen** In fast ganz Europa in Auwäldern, Hecken und Gebüschen. **Wissenswertes** Die auffällig vergrößerten Randblüten sind steril und dienen nur dazu, Fliegen, Käfer und Schmetterlinge zum Bestäuben der eigentlich unscheinbaren Blüten anzulocken. In Gärten wird häufig die seit gut 400 Jahren kultivierte Zuchtform »Roseum« gepflanzt. Ihre Blüten bilden »echte«, runde und weiße Schneebälle. Die Blüten sind allerdings alle steril. Der Verzehr der Früchte führt zu Durchfall und Erbrechen.

Mistel

Viscum album (unten links und rechts)

> immergrün
> zapft Bäume an
> bringt zu Weihnachten Glück

Merkmale Mistelgewächse (*Viscaceae*). Kleiner, immergrüner, kugeliger Strauch bis etwa 1 m Durchmesser, der ausschließlich auf Bäumen wächst. Zweige gelblich grün, brechen leicht ab. Blätter zungenförmig, ledrig, bis etwa 6 cm lang. Blüten winzig, unscheinbar, an den Verzweigungen sitzend. Frucht erbsengroß, reif weiß gefärbt. Blütezeit März/April, Fruchtreife November/Dezember. **Vorkommen** Fast überall in Europa auf verschiedenen Laub- und Nadelbäumen. **Wissenswertes** Als Schmarotzer sendet die Mistel ihre Wurzeln statt ins Erdreich ins Holz der Bäume, auf denen sie lebt. Hier zapft sie die Leitungsbahnen an und kommt so zu den lebensnotwendigen Nährsalzen. Die klebrigen Beeren werden gern von Vögeln gefressen. Beim Säubern des Schnabels am Baum oder mit dem Vogelkot gelangen die unverdaulichen Samen wieder auf Bäume.

Klatsch-Mohn

Papaver rhoeas (oben)

> giftiger Milchsaft
> leuchtend rot
> früher auf jedem Acker

Merkmale Mohngewächse (*Papaveraceae*). 20–90 cm hoch mit leuchtend roten, 6–8 cm großen Blüten. Stängel abstehend behaart, Blätter zerschlitzt. Blütezeit Mai bis Juli. **Vorkommen** Auf ungespritzten Getreideäckern, auf Schutt und an Wegrändern. **Wissenswertes** Noch vor zwei bis drei Jahrzehnten, bevor chemische Unkrautvernichter in Mode kamen, war bei uns jeder Acker rot getupft mit seinen Blüten. Den Namen Klatschmohn trägt er, weil Kinder die losen Blütenblätter früher gerne »geklatscht« haben.

Wiesen-Klee

Trifolium pratense (Mitte links)

> »Rot-Klee«
> eiweißreiche Futterpflanze
> altes Schönheitsmittel

Merkmale Schmetterlingsblütler (*Fabaceae*). 10–50 cm hoch mit 1–2 cm großen, purpurroten bis rosafarbenen Blütenköpfchen. Typische, dreiteilige Kleeblätter. **Vorkommen** Sehr häufig auf nährstoffreichen Wiesen und an Wegrändern. **Wissenswertes** Seit Mitte des 18. Jahrhunderts wird die eiweißreiche Futterpflanze bei uns auch als »Kleewiese« angebaut. Süße Nektarpflanze, lockt viele Hummeln und Schmetterlinge an. Altes Schönheitsmittel: Nach der ersten Mainacht im noch taunassen Klee baden.

Wiesen-Kerbel

Anthriscus sylvestris (Mitte rechts)

> »Gülleblume«
> weiße Blütenschirme
> im Mai massenhaft an Straßenrändern

Merkmale Doldengewächse (*Apiaceae*). 60–150 cm hoch mit weißen Blütenschirmen. Jeder »Schirm« besteht aus vielen, winzigen Einzelblüten. Blätter gefiedert, erinnern an Farnwedel. Blütezeit April bis Juni. **Vorkommen** Auf nährstoffreichen Wiesen und an Feldrändern. **Wissenswertes** So dekorativ Wiesen sind, auf denen der hübsche Wiesen-Kerbel massenhaft blüht: Sie zeigen, dass hier der Boden mit Jauche überdüngt wurde (»Gülleblume«). Kerbel überwuchert andere Pflanzen, in seinem Schatten können viele Gräser und Wildkräuter nicht mehr wachsen.

Wiesen-Bärenklau

Heracleum sphondylium (unten)

> Vorsicht, giftig!
> Blätter wie Bärentatzen
> wächst massenhaft

Merkmale Doldengewächse (*Apiaceae*). 0,5–1,5 m hoch mit bis zu 20 cm großen, weißen Blütenschirmen, die unangenehm riechen. Blätter bis 50 cm lang und gelappt oder gefiedert, im Umriss einer Bärentatze ähnelnd (Name!). Blütezeit Juni bis September. **Vorkommen** Häufig auf überdüngten Wiesen und an Wegrändern. **Wissenswertes** Ähnlich wie bei der nah verwandten Herkulesstaude enthält der Pflanzensaft giftige Furocumarine. In Verbindung mit Sonnenlicht kann es nach Berührung auf der Haut zu Rötungen und zu Entzündungen kommen.

Tüpfel-Johanniskraut

Hypericum perforatum (oben links)

> **Heil- und Giftpflanze**
> **Blätter getüpfelt**
> **blüht um den Johannistag**

Merkmale Hartheugewächse (*Clusiaceae*). 30–80 cm hoch mit goldgelben, 2–3 cm großen Blüten. Blätter eiförmig, 1–2 cm groß und, gegen das Licht gehalten, gepunktet (Name!). Blütezeit um den 24. Juni (Johannistag) bis September. **Vorkommen** Auf trockenen, mageren Böden. **Wissenswertes** Enthält den roten Farbstoff Hypericin; er wird in der Medizin gegen Schlaflosigkeit, Neurosen und Depressionen eingesetzt. Kontakt kann in Verbindung mit Sonnenlicht zu Hautveränderungen führen!

Acker-Stiefmütterchen

Viola arvensis (oben rechts)

> **Heilpflanze**
> **»Stiefmutter mit ihren Töchtern«**
> **Blüten gelb oder violett**

Merkmale Veilchengewächse (*Violaceae*). 5–20 cm hoch, Blüten 1–1,5 cm lang, meist gelblich, aber auch blauviolett. Untere Blätter herzförmig bis rundlich, obere länglich und an den Rändern eingebuchtet. Blütezeit Mai bis Oktober. **Vorkommen** Auf Äckern und in Gärten. **Wissenswertes** Der Name Stiefmütterchen wird im Volksglauben so gedeutet, dass das untere Blütenblatt die Stiefmutter ist, die beiden seitlichen, ähnlich gefärbten, ihre beiden leiblichen Töchter und die beiden oberen, schlichteren Blätter ihre Stieftöchter. Heilpflanze gegen Hautkrankheiten bei Kindern.

Wiesen-Schaumkraut

Cardamine pratensis (Mitte)

> **Nässezeiger**
> **färbt im Frühling Wiesen lila**
> **oft mit Schaum am Stängel**

Merkmale Kreuzblütlergewächse (*Brassicaceae*). 15–50 cm hoch mit zart lilafarbenen Blüten aus vier Blütenblättern. Blätter zerschlitzt. Blütezeit April bis Juni. **Vorkommen** Auf feuchten Wiesen und Weiden, meist auf lehmigen Böden mit hohem Grundwasserstand. **Wissenswertes** »Schaumkraut« bezieht sich auf die schaumigen Häufchen, die man oft an seinen Stängeln sieht. Sie stammen von einem Insekt, der Schaumzikade. Die Zikade saugt Pflanzensäfte aus dem Stängel, Überschüsse schäumt sie mit der Atemluft auf und benutzt den Schaum als Versteck (siehe S. 251).

Hirtentäschelkraut

Capsella bursa-pastoris (unten links und rechts)

> **»Unkraut«**
> **Früchte wie Hirtentaschen**
> **blüht sogar im Winter**

Merkmale Kreuzblütlergewächse (*Brassicaceae*). 20–40 cm hoch mit kleinen, unscheinbaren, weißen Blüten, aber auffälligen Früchten. Sie sind herzförmig und 0,5–1 cm groß. Blätter am Stängel und als Blattrosette am Grund ungeteilt oder eingebuchtet. Blütezeit Februar bis November. **Vorkommen** Sehr häufiges »Unkraut« an Wegen und Rasen. **Wissenswertes** Der deutsche und der wissenschaftliche Name (lat. *bursa pastoris* = Hirtentasche) beziehen sich auf die Form der Früchte, die an Hirtentaschen erinnern.

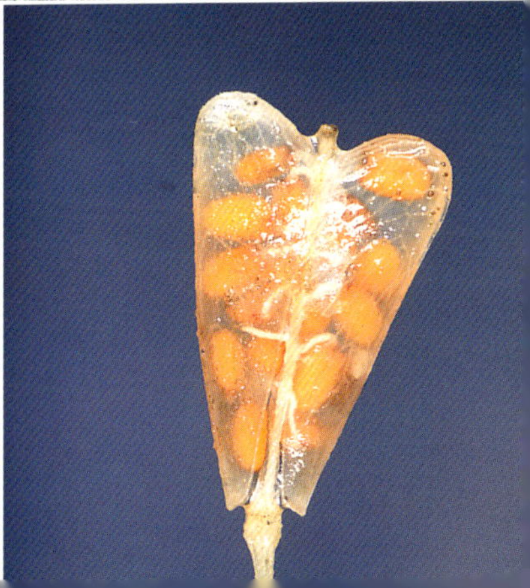

Kuckucks-Lichtnelke

Lychnis flos-cuculi (oben)

> »blüht, wenn der Kuckuck ruft«
> zeigt hohen Grundwasserstand
> zerschlitzte Blüten

Merkmale Nelkengewächse (*Caryophyllaceae*). 30–70 cm hoch mit leuchtend pinkfarbenen, 1,5–3 cm großen Blüten aus fünf zerschlitzten Blütenblättern. Blätter schmal, 1,5–4 cm lang. Blütezeit April bis Juni. **Vorkommen** Auf nassen, nährstoffreichen Lehmböden, häufig auf Feuchtwiesen. **Wissenswertes** Ihr Name bezieht sich gleich mehrfach auf den Kuckuck (lat. *flos cuculi* = Kuckucksblume): Zum einen blüht sie zu der Zeit, wenn der Kuckuck laut rufend aus seinem Winterquartier zu uns zurückkehrt, zum anderen findet man an ihren Stängeln häufig den »Kuckucksspeichel« (siehe S. 251), ein Phänomen, das auch auf dem zur selben Zeit blühenden Wiesen-Schaumkraut zu finden ist. Aus Unkenntnis über den wahren Verursacher schrieb man dem Kuckuck die Schuld zu.

Schlangen-Knöterich

Polygonum bistorta (Mitte)

> Wurzeln schlangenartig
> inselartige, dichte Bestände
> Blüten in rosafarbenen Ähren

Merkmale Knöterichgewächse (*Polygonaceae*). Bis 1,2 m hoch, oft in dichten, inselartigen Beständen. Blüten in 5–8 cm langer, rosafarbener Ähre, Blätter bis zu 20 cm lang, oft mit gewelltem Rand. Blütezeit Mai bis August. **Vorkommen** Häufig auf feuchten Wiesen und an Ufern, fehlt im Norden. **Wissenswertes** Sowohl die zahlreichen deutschen Namen (z.B. Nattern-Knöterich, Otternknöterich) als auch der wissenschaftliche Name (lat. *bistorta* = zweimal gedreht) beziehen sich auf den schlangenartig gewundenen Wurzelstock. Aus ihm wachsen weitreichende, unterirdische Ausläufer. Die im Wurzelstock enthaltenen Gerbstoffe gelten als Volksmittel gegen innere Blutungen.

Schwarze Königskerze

Verbascum nigrum (unten links und rechts)

> gelbe Blütenkerzen
> blüht nur einmal
> wichtig für Nachtschmetterlinge

Merkmale Braunwurzgewächse (*Scrophulariaceae*). 0,5–1 m hoch mit zahlreichen, gelben Blüten, die ährenartig am Stängelende stehen. Blüten 1,5–2,5 cm groß mit wolligen, violetten Staubblättern. Die meisten Blätter stehen am Grund, sie sind 15–40 cm lang, am Rand gekerbt und unterseits filzig behaart. Blütezeit Juni bis September. **Vorkommen** Auf Ödland, an Wegrändern, auf Waldlichtungen und auf Schutt. **Wissenswertes** Königskerzen zählen zu den so genannten zweijährigen Pflanzen, d. h., im ersten Jahr entwickeln sich aus den Samen lediglich Blattrosetten, erst im Folgejahr gelangt die Pflanze zur Blüte. Nach Ausbildung der Samen stirbt sie schließlich ab. Wo sie gerne wächst, wird sie sich über ihre Samen weitervermehren. Ihre Blätter sind eine beliebte Futterpflanze für viele Raupen von Nachtschmetterlingen wie zum Beispiel dem Braunen Bär und dem Braunen Mönch.

Weiße Taubnessel

Lamium album (oben)

> »weißer Bienensaug«
> eine Nessel, die nicht brennt
> Blüten mit Ober- und Unterlippe

Merkmale Lippenblütler (*Lamiaceae*). 20–50 cm hoch mit gesägten, brennnesselartigen Blättern und vierkantigem Stängel. Blüten weiß, 2–3 cm lang, aus Ober- und Unterlippe bestehend, zwischen denen sich ein tiefer Schlund öffnet. Diese charakteristische Blütenform ist namengebend für die ganze Familie der Lippenblütler. Blütezeit April bis Oktober. **Vorkommen** Oft auf überdüngten Böden an Wegrändern und Gräben. **Wissenswertes** Ihr Name rührt von den brennnesselähnlichen Blättern her; im Gegensatz zu diesen brennen sie aber nicht, sondern sind »taub«. Wichtige Nektarpflanze für Bienen, die mit ihren langen Rüsseln an den reichlichen, süßen Saft tief unten im Schlund der Blüte gelangen. Ein beliebtes Kinderspiel ist es, die Blüten abzuzupfen und den Nektar herauszusaugen.

Gefleckte Taubnessel

Lamium maculatum (Mitte)

> brennnesselartige Blätter
> rot gefleckte Blüten
> Hummelblume

Merkmale Lippenblütler (*Lamiaceae*). 20–60 cm hoch mit brennnesselartigen Blättern und vierkantigem Stängel. Blüten tiefrosa, in »Stockwerken« übereinander angeordnet. Sie bestehen aus Ober- und Unterlippe, wobei die Unterlippe dunkel gefleckt ist (Name!). Blütezeit April bis November **Vorkommen** Häufig auf nährstoffreichen Böden, an Wald- und Wegrändern und in Gebüschen. Wächst an schattigeren Standorten als die Weiße Taubnessel. **Wissenswertes** Den Namen Taubnessel trägt sie wegen ihrer rot gefleckten Blüten und ihrer nesselartigen Blätter, die aber »taub« sind, also nicht brennen. Die Blüten werden vor allem von langrüssligen Hummeln besucht, die ihre dicken Körper regelrecht in den schmalen Blütenschlund hineinwühlen müssen, um an den begehrten Nektar am Grund zu gelangen.

Wiesen-Salbei

Salvia pratensis (unten)

> Blätter runzelig
> blauviolette Blütenähren
> verwandt mit dem Echten Salbei

Merkmale Lippenblütler (*Lamiaceae*). 30–60 cm hoch mit leuchtend blauvioletter Blütenähre am Stängelende. Stängel vierkantig, Blüten 2–2,5 cm lang, aus Ober- und Unterlippe bestehend. Blätter hauptsächlich als Rosette am Grund, 6–12 cm lang, runzelig und am Rand gekerbt. Blütezeit Mai bis August. **Vorkommen** Auf trockenen Böden in sonnig-warmen Lagen, an Wegrändern und Böschungen. **Wissenswertes** Bekannt und nah verwandt ist der Echte Salbei (*S. officinalis*). Er kommt wild nur am Mittelmeer vor, wird bei uns aber häufig als Heil- und Gewürzpflanze gehalten. Die ätherischen Öle des Salbeis geben Fleisch- und Fischgerichten einen guten Geschmack. Da sie allerdings schwach giftig sind, sollte man nicht zu viel davon nehmen. Salbeibonbons helfen gegen Halsweh, denn die Öle töten Bakterien ab.

Wiesen-Glockenblume

Campanula patula (oben links)

> lila Glocken
> duftet süß
> »Elfenblume«

Merkmale Glockenblumengewächse (*Campanulaceae*). 20–50 cm, mit lilafarbenen, 1–2,5 cm großen Blütenglocken. Blätter schmal, lang. Blütezeit Mai bis Juli. **Vorkommen** Feuchte, nährstoffreiche Böden. Auf Wiesen, Lichtungen und an Wegrändern. **Wissenswertes** Ihre Zartheit und Schönheit inspirierte die Menschen seit je. Glockenblumen werden oft als Blütenkleider von Elfen gezeichnet, in Kinderbüchern öffnen sie den Weg ins Zwergenreich.

Schafgarbe

Achillea millefolium (oben rechts)

> »Bauchwehkraut«
> weiße Blütenschirme
> kann Hautausschläge verursachen

Merkmale Korbblütlergewächse (*Asteraceae*). 20–80 cm hoch mit weißen Blütenschirmen aus zahlreichen, winzigen Einzelblüten. Blätter filigran gefiedert (*millefolium* = tausendblättrig). Blütezeit Juni bis November. **Vorkommen** Auf trockenen Wiesen und an Wegrändern. **Wissenswertes** Wertvolle Heilpflanze, hilft als Tee gegen Verdauungsstörungen und bei Menstruationsbeschwerden. Ein Aufguss aus den Blättern mit den darin enthaltenen ätherischen Ölen hilft bei schlecht heilenden Wunden. Vorsicht: In frisch gemähten Rasen kann sie bei Allergikern Hautausschläge verursachen!

Echte Kamille

Matricaria recutita (Mitte)

> mit typischem Duft
> Heilpflanze
> hemmt Entzündungen

Merkmale Korbblütlergewächse (*Asteraceae*). 15–50 cm hoch mit den bekannten, gelbweißen Kamilleblüten. Die inneren, gelben Röhrenblüten sind von einem Kranz weißer Zungenblüten umgeben. Blüten 1,5–2,5 cm groß, Blätter gefiedert. **Vorkommen** Ödländer, Weg- und Ackerränder. **Wissenswertes** Wichtige Heilpflanze, vor allem die Blüten enthalten die entzündungshemmenden ätherischen Öle Bisabolol und Matricin. Als Tee gegen Bauchweh, äußerlich gegen Entzündungen.

Wiesen-Margerite

Chrysanthemum leucanthemum (unten)

> »Wucherblume«
> auch im Rasen
> »Er liebt mich, er liebt mich nicht …«

Merkmale Korbblütlergewächse (*Asteraceae*). 20–80 cm hohe, dekorative Wiesenblume, die wie ein übergroßes Gänseblümchen blüht. Blüten innen gelb, außen weiß, 3–5 cm groß. Blätter schmal eiförmig, am Rand gezähnt. Blütezeit Mai bis Oktober. **Vorkommen** Sehr häufig auf Wiesen, selten auf gemähten Rasen und Weiden. **Wissenswertes** Den Namen »Wucherblume« trägt sie, weil sie auf neu angelegten Böschungen häufig als Erste und in Massen auftritt. Die Blüten werden von zahlreichen Käfern, Schmetterlingen und Fliegen besucht. Orakelpflanze für frisch Verliebte.

Rainfarn

Chrysanthemum (=Tanacetum) vulgare (oben)

> »Farnblätter«
> Heil- und Giftpflanze
> duftet intensiv

Merkmale Korbblütlergewächse (*Asteraceae*). 0,5–1,5 m hoch mit intensiv duftenden, gelben Blütenschirmen. Blüten 0,5–1 cm groß, Blätter farnähnlich gefiedert (Name!). Blütezeit Juli bis September. **Vorkommen** An Wegen, Dämmen und Waldrändern. **Wissenswertes** Enthält ätherische Öle und Bitterstoffe, gelegentlich aber auch giftiges Thujon. Das getrocknete Kraut riecht so intensiv, dass sich damit Mücken, Läuse und Mäuse vertreiben lassen.

Huflattich

Tussilago farfara (Mitte links und rechts)

> Blüten vor den Blättern
> hufeisenförmige Blätter
> vertreibt Husten

Merkmale Korbblütlergewächse (*Asteraceae*). 10–30 cm hoch mit leuchtend gelben, 2–2,5 cm großen Blüten. Die Blätter erscheinen erst, nachdem die Pflanze verblüht ist. Sie sind bis 20 cm lang und im Umriss herz- bis hufeisenförmig. Blütezeit Februar bis April. **Vorkommen** Auf feuchten, humusarmen Böden, häufig auf Ödland und an lichten Waldstellen. **Wissenswertes** Neben den früh blühenden Weidenkätzchen eine der ersten Nektarpflanzen im Jahr für Bienen. Der lateinische Name bezieht sich auf die schleimlösende Wirkung bei Husten (lat. *tussis* = Husten, lat. *ago* = ich treibe).

Gemeiner Beifuß

Artemisia vulgaris (unten links)

> würzt den Braten
> Blätter duften aromatisch
> ein Verwandter des Wermuts

Merkmale Korbblütlergewächse (*Asteraceae*). 0,5–1,5 m hoch mit unscheinbaren, kleinen Blüten. Stängel kantig und oft rot, Blätter tief geteilt und unterseits weißfilzig, riechen aromatisch. Blütezeit Juli bis September. **Vorkommen** Häufig auf Ödländern, an Wegrändern und Ufern. **Wissenswertes** Wie der verwandte Wermut (*A. absinthium*) wird Beifuß zum Würzen von Fleischgerichten, Soßen und Suppen verwendet. In größeren Mengen sind beide Pflanzen schwach giftig, weshalb vor Wermutschnäpsen gewarnt wird (gilt nicht für Wermutweine).

Acker-Kratzdistel

Cirsium arvense (unten rechts)

> Schmetterlingspflanze
> unbeliebtes Ackerunkraut
> Blätter stechen nur am Rand

Merkmale Korbblütlergewächse (*Asteraceae*). 0,5–1,5 m hoch, reich verzweigt, Blätter nur am Rand bestachelt. Blüten 1–1,5 cm groß, rosa bis violett. Blütezeit Juli bis September. **Vorkommen** Sehr häufig auf Wiesen, Weiden, Äckern und Schuttplätzen. **Wissenswertes** Jede Pflanze produziert pro Jahr bis zu 6000 Samen, die mit ihren Flughaaren kilometerweit fliegen. Wo sie einmal wächst, bildet sie bald dichte Bestände und ist mit ihren mehr als 2 m tiefen Wurzeln kaum noch zu beseitigen. Gut für die zahlreichen Schmetterlinge, die von ihrem Nektar leben.

Kornblume

Centaurea cyanus (oben links)

> kornblumenblaue Blüten
> Blume der Getreideäcker
> heute selten

Merkmale Korbblütlergewächse (*Asteraceae*). 20–90 cm hoch mit leuchtend blauen, 2,5–3,5 cm großen Blüten. Blätter lang und schmal, graugrün. Blütezeit Juni bis September. **Vorkommen** Getreidefelder, vor allem im Wintergetreide, auf Bahndämmen und Schuttplätzen. **Wissenswertes** Sprichwörtlich ist ihr leuchtendes Blau: Die Pflanze hat dieser Farbe ihren Namen gegeben, dem Kornblumenblau. Einst auf jedem Acker, wurde sie wie auch der Klatschmohn durch Spritzmittel selten. Mit der biologischen Landwirtschaft kehrt auch die schöne Blaue wieder in unsere Landschaft zurück.

Wegwarte

Cichorium intybus (oben rechts)

> himmelblaue Blüten
> auch bekannt als »Blümchenkaffee«
> alte Heilpflanze

Merkmale Korbblütlergewächse (*Asteraceae*). 0,2–1,5 m hoch und sparrig verzweigt mit 3–4 cm großen, himmelblauen Blüten. Blätter am Grund als Rosette. Blütezeit Juli bis September. **Vorkommen** Trockene Wegränder, Steinbrüche und Brachland. **Wissenswertes** Nach einer Volkssage ist sie ein verzaubertes Mädchen, das treu am Wegesrand auf ihren Geliebten wartet. Vor 100 Jahren wurde die Wegwarte kultiviert und daraus die Zichorienwurzel als Kaffee-Ersatz gezogen. Heilpflanze, wird homöopathisch bei Erkrankungen von Leber und Galle verwendet.

Herbst-Zeitlose

Colchicum autumnale (Mitte)

> tödlich giftig!
> krokusähnlich
> zur Blütezeit ohne Blätter

Merkmale Zeitlosengewächse (*Colchicaceae*). Krokusähnlich, blüht aber im Herbst (Name!). Blüte bis zu 20 cm lang, blassrosa bis violett. Zur Blütezeit ohne Blätter. Die Blätter entwickeln sich erst im Frühjahr, sie sind bis zu 50 cm lang und 2–4 cm breit. Zwischen ihnen befindet sich die Fruchtkapsel. Blütezeit August bis Oktober. **Vorkommen** Feuchte Wiesen und Auwälder. **Wissenswertes** Enthält das Gift Colchizin. Bereits einer bis fünf der Samen wirken beim Menschen tödlich. Homöopathisches Mittel gegen Magenschmerzen.

Geflecktes Knabenkraut

Dactylorhiza maculata (unten links und rechts)

> Blätter gefleckt
> rosafarbene Blütenpyramide
> streng geschützt

Merkmale Orchideengewächse (*Orchidaceae*). 20–60 cm hoch mit dunkel gefleckten Blättern. Blüten zu 20–70 in einer pyramidenförmigen Ähre am Stängelende. Einzelblüte 1–2 cm groß, rosafarben. Blütezeit Juni bis August. **Vorkommen** In wechselfeuchten Magerwiesen, Heiden und lichten Wäldern. **Wissenswertes** Eine der häufigsten Orchideen Europas mit dunkel gefleckten Blättern. Durch Trockenlegung von Feuchtwiesen stark zurückgegangen, dennoch trifft man gelegentlich noch auf regelrechte Orchideenwiesen.

Hain-Bänderschnecke

Cepaea nemoralis (oben links)

- spiralig gestreift
- frisst frisches Grün
- in Gärten häufig

Merkmale Kugelige, etwa 2 cm große, gelbliche, rosafarbene bis dunkelbraune Gehäuse mit spiraligen Bändern (Name!). **Vorkommen** Häufig in Gärten, Parks und auf Bahndämmen. **Lebensweise** Von Oktober bis Mai hält sie Winterruhe, dabei verschließt sie ihr Gehäuse mit einem Kalkdeckel. Erst wenn wieder saftiges Grün sprießt, futtert sich die Pflanzen fressende Schnecke durch Gärten, Parks und Wälder. **Wissenswertes** Hain-Bänderschnecken können so unterschiedlich gefärbt sein, dass man kaum glauben mag, es mit ein und derselben Art zu tun zu haben. Einigen fehlt sogar die Bänderung.

Wespenspinne

Argiope bruennichi (oben rechts)

- gestreift wie eine Wespe
- winzige Männchen
- frisst gerne Heuschrecken

Merkmale Bis zu 2 cm große und auffallend schöne Spinne mit schwarzgelb gestreiftem Hinterleib. Ihr Vorderkörper ist silbrig weiß behaart. Typisch für ihr Radnetz ist das weiße Zickzackband. Das Männchen ist unscheinbar bräunlich und mit 0,5 cm geradezu winzig. **Vorkommen** In sonnigen Gebieten mit niedrigem Pflanzenbewuchs. **Lebensweise** Die Spinne sitzt in der Mitte ihres Radnetzes, das sie zwischen niedriger Vegetation aufspannt. Darin fängt sie v. a. Heuschrecken. **Wissenswertes** Das Männchen wird oft noch während der Begattung verspeist.

Veränderliche Krabbenspinne

Misumena vatia (Mitte links und rechts)

- lauert auf Blüten
- perfekt getarnt
- erbeutet Insekten

Merkmale 0,5–1 cm große Spinne, weiß, gelb oder grünlich gefärbt. **Vorkommen** An sonnigen Waldrändern und auf trockenen Rasen. **Lebensweise** Lebt auf Blüten, auf denen sie durch ihre Färbung nur äußerst schwierig zu entdecken ist. So werden Schwebfliegen, Bienen und Schmetterlinge zur Beute der lauernden Spinne. Oft entdeckt man sie nur, weil ein Beutetier leblos von der Blüte hängt. **Wissenswertes** Weibchen (Foto rechts) können die Körperfarbe perfekt der jeweiligen Blütenfarbe anpassen.

Weberknecht

Phalangium opilio (unten)

- sehr lange, dünne Beine
- Körper ungeteilt
- tag- und nachtaktiv

Merkmale Körper etwa 0,5 cm groß, sehr, sehr lange, dünne Beine. **Vorkommen** An Wegrändern, in Gärten und auf Wiesen. **Lebensweise** Lauert auf Sträuchern und höheren Kräutern, wobei er seine Beine lassoartig um die Pflanzenstängel schlingt. Fliegt ein Insekt vorbei, greift er es blitzschnell mit seinen langen Beinen aus der Luft. **Wissenswertes** Im Unterschied zu den Spinnen ist der Körper der Weberknechte nicht in Vorder- und Hinterleib unterteilt, sondern besteht aus einem Stück.

Grünes Heupferd

Tettigonia viridissima (oben)

> große, kräftige Heuschrecke
> grasgrün mit langen Fühlern
> nützlich im Garten

Merkmale Grasgrüne, bis etwa 4 cm lange Heuschrecke, Fühler sind länger als der Körper. Fliegt gut. **Vorkommen** Häufig an Wegrändern, auf trockenen Rasen und in Gärten. **Lebensweise** Das Grüne Heupferd frisst kaum Pflanzen, wohl aber Pflanzenschädlinge wie die Larven der Kartoffelkäfer, Blattläuse, Raupen und lästige Fliegen und ist damit ein ausgesprochener Nützling im Garten. Gratis dazu gibt es ihren laut schwirrenden Gesang von Mittags bis nach Mitternacht. **Wissenswertes** Erschreckend mag einem nicht nur die Größe des Grünen Heupferdes erscheinen, sondern auch der 2–3 cm lange, dolchartige Säbel am Hinterleib des Weibchens. Doch keine Angst, er ist nicht dazu gedacht, Tiere oder Menschen zu stechen, sondern dient nur dazu, die Eier in den Boden zu bohren.

Feldgrille

Gryllus campestris (Mitte)

> schwarz mit breitem Kopf
> singt »zri zri zri«
> gräbt Erdröhren

Merkmale 2–3 cm groß, gedrungen und schwarz mit bräunlichen Flügeln. Auffallend ist der mächtige Kopf, er ist breiter als der Körper. **Vorkommen** In trockenen, sonnigen Gebieten mit niedrigem Pflanzenbewuchs, in Heiden, auf trockenen Rasen und an Böschungen. In Norddeutschland sehr selten, im Süden häufiger. **Lebensweise** Lebt nicht in der Vegetation wie Heuschrecken, sondern stets am Boden. Hier frisst sie v. a. Gräser und Kräuter. Gräbt etwa 20 cm tiefe Erdröhren, in die sie bei Gefahr flüchtet. Die Eier werden in selbst gegrabene Erdhöhlen abgelegt, daraus schlüpfen nach zwei bis drei Wochen die Larven. **Wissenswertes** Abends sitzen die Männchen vor dem Eingang ihrer Röhren und zirpen ihr bis 100 m weit zu hörendes »zri zri zri«, bei warmem Wetter bis tief in die Nacht. Geduld braucht, wer Grillen sehen will. Sie entwischen bei der geringsten Erschütterung in ihre Gänge.

Gemeiner Grashüpfer

Chorthippus parallelus (unten)

> unsere häufigste Heuschrecke
> grün, braun oder rot-gelb
> singt mit Flügeln und Beinen

Merkmale Etwa 1,5–2,5 cm groß, meist grün, es kommen aber auch bräunliche und rot-gelbe Tiere vor. Die Flügel sind kürzer als der Körper. **Vorkommen** Kommt so gut wie überall da vor, wo Pflanzen wachsen, als einzige Heuschrecke sogar auf überdüngten Wiesen. Fehlt nur in sehr trockenen und sehr nassen Gebieten. **Lebensweise** Hüpft in der Vegetation umher (Name!) und frisst dabei die jeweils häufigsten Gräser. Die Weibchen legen ihre Eier in den Boden ab. **Wissenswertes** Die Männchen singen an warmen Sommerabenden noch bis Mitternacht. Dazu reiben sie ihre Hinterbeine über die Flügel. Die Verse dauern nur 1–1,5 Sekunden, sind kurz und kratzig und klingen wie »sräsräsräsrä«. Sie werden im Drei-Sekunden-Takt vorgetragen.

Grüne Stinkwanze

Palomena prasina (oben links und rechts)

> nur im Sommer grün
> stänkert ihre Feinde an
> saugt süße Säfte

Merkmale 1–1,5 cm groß, im Frühling und Sommer grasgrün, färbt sich im Herbst braun. So ist sie immer gut getarnt. Wie für Wanzen typisch, hält sie einen langen Saug-Stechrüssel unter dem Bauch versteckt. **Vorkommen** Häufige Wanze an Büschen und Bäumen. **Lebensweise** Sticht mit dem Rüssel Pflanzen und Beeren an und saugt deren Säfte. Verbreitet mit ihren Stinkdrüsen ein übel riechendes Sekret, das Fressfeinden den Appetit verdirbt. **Wissenswertes** Kann bei stärkerem Befall schädlich sein.

Wiesenschaumzikade

Philaenus spumarius (Mitte links)

> macht den »Kuckucksspeichel«
> saugt Pflanzensäfte
> auf feuchten Wiesen häufig

Merkmale Ausgewachsene Zikade etwa 0,5 cm groß, breitoval und bräunlich. **Vorkommen** Häufig auf feuchten Wiesen an über 150 verschiedenen Pflanzenarten. **Lebenweise** Sticht mit ihrem unter dem Bauch verborgenen Rüssel Pflanzen an und saugt deren Säfte. Die Larven schäumen mit Atemluft eine aus dem After austretende Flüssigkeit auf. In diesem Schaum leben sie, er schützt sie vor Trockenheit und Feinden. **Wissenswertes** Das schaumige Gebilde an Pflanzenstängeln wird im Volksmund »Kuckucksspeichel« oder »Hexenspucke« genannt (siehe S. 251).

Gewöhnlicher Weichkäfer

Cantharis fusca (Mitte rechts)

> rot und schwarz
> frisst Läuse und Schnecken
> »Schneewürmer«

Merkmale 1–1,5 cm großer, lang gestreckter, rot und schwarz gefärbter Käfer. Larve etwa 2 cm groß und samtig schwarz. **Vorkommen** Sehr häufig an Waldrändern, auf Wiesen und Feldern. **Lebensweise** Meist sieht man ihn bei Sonnenschein auf Blüten oder Blättern, wo er Blattläuse und andere, kleine Insekten frisst. Er knabbert aber auch Knospen und junge Triebe an. Seine Larve ist bei Gärtnern beliebt, weil sie gerne Schnecken verspeist. **Wissenswertes** Die Larven überwintern, an warmen Tagen krabbeln sie auf dem Schnee umher (»Schneewürmer«).

Feld-Sandlaufkäfer

Cicindela campestris (unten links und rechts)

> mag Sonne und Sand
> metallisch grün
> Räuber mit riesigen Augen

Merkmale 1–1,5 cm großer Käfer, metallisch grün mit gelben Punkten. **Vorkommen** In sandigen Gegenden, auf Wegen, Feldern, Stränden und in Kiesgruben. **Lebensweise** Huscht bei Sonnenschein über warme, sandige Wege und macht Jagd auf Spinnen und Insekten. Aufgescheucht fliegt er kurz auf, landet einige Meter weiter. Seine Larve (rechts) lebt in einer kleinen Erdröhre und packt vorbeikommende Insekten. **Wissenswertes** Häufig jagen Sandlaufkäfer gesellig.

Gelbe Wiesenameise

Lasius flavus (oben links und rechts)

> baut Erdhügel
> lebt unterirdisch
> hält Läuse als Haustiere

Merkmale 4 mm große, blassgelbe Ameise (links). Die Königin (rechts) ist 7–9 mm groß und bräunlich. Typisch und augenfällig sind ihre Erdhügel. Sie können bis zu einen halben Meter in Durchmesser und Höhe erreichen und sind häufig von Gras überwachsen. **Vorkommen** Auf Wiesen häufig. Erträgt Beweidung (da die Hügel sehr fest sind) und auch gelegentliche Überflutungen. **Lebensweise** Bis zu 100 000 Ameisen bewohnen einen Erdhügel. Sie leben fast nur unterirdisch und ernähren sich von winzigen Wurzelläusen. Die werden gefressen, meist aber »gemolken«, da sie süße Ausscheidungen produzieren. **Wissenswertes** Ihre Haustiere, die Wurzelläuse, werden sorgsam betreut. Vor dem Winter holen die Ameisen sie ins Nest und bringen sie im zeitigen Frühjahr zurück zu den Nahrungspflanzen, an denen die Läuse Säfte saugen.

Wiesenhummel

Bombus pratorum (Mitte)

> wichtiger Blütenbestäuber
> gründet Staaten
> kann stechen

Merkmale 1–1,5 cm groß, pelzig und schwarzgelb gestreift. **Vorkommen** Überall häufig, auf Wiesen, in Gärten und Parks. **Lebensweise** Lebt in kleinen Staaten von etwa 50–100 Tieren, die ihr Nest meist unterirdisch in Erdlöchern oder Reisighaufen haben. Bezieht aber auch hohle Bäume, verlassene Vogelnester und Verstecke in Gebäuden. Gegründet wird der Staat von einer Königin, die im März aus ihrem Winterquartier schlüpft, einen Nistplatz wählt und Eier legt. Sie bebrütet die Eier und versorgt die Larven mit Blütenpollen. Ab April sind die ersten Arbeiterinnen voll entwickelt, nun schaffen sie die Pollen für die vielen Eier heran, die die Königin im Lauf des Sommers noch legt. **Wissenswertes** Mit ihrem Giftstachel können sie stechen, sind aber außer in direkter Nestnähe wenig aggressiv.

Regenbremse

Haematopota pluvialis (unten)

> schillernde Augen
> greift geräuschlos an
> beißt schmerzhaft

Merkmale Etwa 1 cm große, kräftige Fliege mit schillernden Augen und gefleckten Flügeln. **Vorkommen** Hauptsächlich in Gewässernähe, auch an Kleinstgewässern. **Lebensweise** Wird an schwül-warmen Sommertagen besonders lästig. Bremsen stechen nicht, sie beißen vielmehr. Aber das nicht minder schmerzhaft. Mit messerscharfen Mundwerkzeugen ritzen sie die Haut von Mensch und Tier an und lecken dann das austretende Blut auf. Dabei sind sie wenig störanfällig und lassen sich leicht erschlagen. Die Eier legen sie in feuchte Böden, darin entwickeln sich auch ihre Larven, die Maden. **Wissenswertes** Ein kleiner Trost: Nur die Hälfte aller Bremsen fällt uns an. Denn wie bei den Stechmücken sind es nur die Weibchen, die Blutmahlzeiten brauchen, damit ihre Eier genügend Nährstoffe zur Entwicklung erhalten.

Brauner Bär

Arctia caja (oben links und rechts)

> **fliegt nur nachts**
> **leuchtend rote Hinterflügel**
> **Raupe mit braunem Pelz**

Merkmale 3 cm groß mit braun-weiß marmorierten Vorderflügeln, Hinterflügel rot mit schwarzen Punkten. Raupe (links) bis zu 6 cm, mit langem, rötlich braunem Haarpelz (Name!). **Vorkommen** An Flüssen, in Gärten und Parks. **Lebensweise** Ruht am Tag mit zusammengefalteten Flügeln gut getarnt auf Rinde oder im Pflanzengewirr, ab Mitternacht oft an Lichtquellen. Flugzeit Juli bis August. **Wissenswertes** Die roten Hinterflügel dienen zur Verwirrung der Feinde: Hat ein Vogel den Falter erspäht, öffnet der schnell die Flügel. Während der Vogel noch stutzt, ist er schon auf und davon.

Gemeiner Bläuling

Polyommatus icarus (Mitte links)

> **kornblumenblau**
> **ohne Bläulinge keine blühende Wiese**
> **lebt an Klee**

Merkmale Etwa 1,5 cm groß, Männchen kornblumenblau, Weibchen bräunlich mit orangen Flecken an den Flügelrändern. Flügelunterseiten mit schwarzen, weiß gesäumten Punkten. Raupe grün. **Vorkommen** Auf sonnigen Wiesen, Ödland und in Gärten. **Lebensweise** Saugt Nektar an Klee und legt hier auch seine Eier ab, die Raupe lebt von Kleeblättern. Fliegt von Mai bis September. **Wissenswertes** In Westdeutschland durch Düngung selten geworden, in Ostdeutschland noch recht weit verbreitet.

Aurorafalter

Anthocaris cardamines (Mitte rechts)

> **Frühlings-Schmetterling**
> **»Göttin der Morgenröte«**
> **oft auf Wiesen-Schaumkraut**

Merkmale 2,5 cm groß, Männchen weiß und leuchtend orange, Weibchen schlicht weiß. Flügelunterseiten bei beiden grün gesprenkelt. Raupe oben grün, an den Seiten weiß. Flugzeit April bis Juni. **Vorkommen** Auf feuchten Wiesen mit Wiesen-Schaumkraut. **Lebensweise** Der Falter saugt Nektar hauptsächlich an Wiesen-Schaumkraut, das zu seiner Flugzeit blüht, und legt hier auch seine Eier ab. Die Raupe frisst die Blüten, später auch die heranreifenden Früchte. **Wissenswertes** Der Name bezieht sich auf die Färbung des Männchens: Aurora ist die Göttin der Morgenröte.

Schwalbenschwanz

Papilio machaon (unten links und rechts)

> **schwalbenartige Schwanzspieße**
> **gern an Dill und Kümmel**
> **einst häufig**

Merkmale Etwa 3,5 cm groß, gelbschwarz. Rand der Hinterflügel mit blauer Binde, rotem »Augenfleck« und schwalbenartigen Schwanzspießen (Name!). Raupe grünschwarz mit orangefarbenen Punkten. **Vorkommen** Ungedüngte Wiesen, Wegränder, Gärten. **Lebensweise** Falter und Raupen gern an Wilder Möhre, Dill und Kümmel. Flugzeit April bis September. **Wissenswertes** Einst häufig. Nachstellungen von Sammlern und die Wandlungen der Landwirtschaft haben ihn selten werden lassen.

Zauneidechse

Lacerta agilis (oben links und rechts)

- grüne Männchen
- legt Eier in Erdgruben
- wärmeliebend

Merkmale Bis 24 cm lang, graubraun mit variabler Streifen- und Punktzeichnung. Die Männchen (links) haben, besonders zur Paarungszeit, leuchtend grüne Flanken und eine grüne Kehle. **Vorkommen** Auf Brachland, an sonnigen Hängen und Waldrändern und in Gärten. **Lebensweise** Sonnt sich am Vormittag. Wenn sie aufgewärmt ist, geht sie auf Insektenjagd. Legt ihre Eier in selbst gescharrte Erdlöcher, die Sonne brütet sie aus. **Wissenswertes** Oktober bis April Winterruhe in frostfreien Verstecken.

Waldeidechse

Lacerta vivipara (Mitte)

- kastanienbrauner Rücken
- auch in kühleren Regionen
- lebendgebärend

Merkmale Zierliche, nur bis 16 cm lange Eidechse mit meist kastanienbraunem Rücken und dunkleren Flanken, verschiedenen Streifen- und Punktzeichnungen. **Vorkommen** In Wäldern, Mooren, Heiden und Steinbrüchen, im Gebirge bis 3000 m Höhe. Auch in kühleren Lebensräumen als die Zauneidechse. **Lebensweise** Jagt Insekten, Würmer und Spinnen. Winterruhe von Oktober bis März. **Wissenswertes** Legt keine Eier, sondern bringt nach einer Tragzeit von ca. 3 Monaten lebende Junge zur Welt.

Blindschleiche

Anguis fragilis (unten links)

- keine Schlange
- harmlos und ungiftig
- frisst Nacktschnecken

Merkmale Bis zu 45 cm lange, bräunliche Schleiche, keine Schlange, sondern eine Eidechse ohne Arme und Beine. **Vorkommen** Auf Wiesen, in Wäldern, auf Brachland und in Gärten. **Lebensweise** Kriecht zur Dämmerung aus feuchten Verstecken wie morschen Baumstümpfen hervor und jagt Nacktschnecken, Würmer und Spinnen. Winterruhe von Oktober bis März. **Wissenswertes** Wie echte Eidechsen können Blindschleichen bei Gefahr ihren Schwanz abwerfen, um den Rest ihres Körpers in Sicherheit zu bringen. Der Schwanz wächst zum Teil wieder nach.

Kreuzotter

Vipera berus (unten rechts)

- häufigste Giftschlange Europas
- lebendgebärend
- scheu

Merkmale Etwa 60–75 cm lange Giftschlange mit charakteristischem, dunklem Zickzackband auf dem Rücken. **Vorkommen** Besonders häufig in Mooren und auf Bergwiesen, aber auch an Waldrändern, auf Uferwiesen und Brachflächen. **Lebensweise** Tagaktiv, jagt Mäuse, Eidechsen und Frösche. Hält Winterruhe von Oktober bis März. **Wissenswertes** Bei Gefahr flieht sie in die Vegetation oder unter Steine. Greift nur an und beißt, wenn sie in die Enge getrieben wird. Der Biss ist sehr schmerzhaft, aber kaum tödlich. Ein Arzt sollte in jedem Fall aufgesucht werden.

Weißstorch

Ciconia ciconia (oben)

> klappert zur Begrüßung
> »bringt Kinder und Glück«
> brütet auf Hausdächern

Merkmale Sehr groß und schwarzweiß, Schnabel und Beine lang und rot. **Vorkommen** In offener Kulturlandschaft mit feuchten Wiesen. **Lebensweise** Frisst überwiegend Mäuse (nicht Frösche), Regenwürmer und Insekten, die er hauptsächlich auf feuchten, extensiv genutzten und damit artenreichen Wiesen findet. Sein großes Nest legt er auf Hausdächern an. **Wissenswertes** Glück soll er bringen und die Kinder dazu. Ob das wirklich klappt, ist fraglich. Trockengelegte Feuchtwiesen und eine zu intensive Landwirtschaft lassen seine Nahrung bei uns knapp werden. In »Storchendörfern« wie dem schleswig-holsteinischen Bergenhusen oder in Rühstädt an der Elbe können wir noch das Schnabelgeklapper hören, mit dem sich die imposanten Vögel am Nest begrüßen.

Mäusebussard

Buteo buteo (Mitte)

> unser häufigster Greifvogel
> bekannter Ruf: »hiää«
> oft an Straßenrändern

Merkmale Mittelgroßer Greifvogel, etwa so groß wie ein Huhn. Im Flug sieht man, dass seine Flügel relativ breit sind und der Schwanz relativ kurz. Mäusebussarde sind sehr variabel gefärbt, was leicht zu Fehlbestimmungen führt. Die Farbpalette reicht von schwarzbraun über »gescheckt« bis fast weiß. **Vorkommen** Brütet in Wäldern, braucht zur Nahrungssuche aber offene Landschaften. Sieht man bei uns einen Greifvogel am Himmel kreisen, ist es meist ein Mäusebussard. **Lebensweise** Baut sein Nest aus großen Zweigen hoch oben in Bäumen. Frisst hauptsächlich Mäuse und junge Kaninchen, erwachsene Kaninchen und Hasen nur als Straßenopfer. Harrt oft stundenlang auf Sitzwarten aus, von denen aus er seine Jagdflüge unternimmt. **Wissenswertes** Vor allem außerhalb der Brutzeit sieht man ihn oft vom Auto aus am Rand viel befahrener Straßen auf Beute warten.

Turmfalke

Falco tinnunculus (unten links und rechts)

> rüttelt im Flug
> Nest an hohen Gebäuden
> ruft aufgeregt »kikikiki ...«

Merkmale Kleiner und schlanker Greifvogel mit langem Schwanz, kleiner als eine Krähe. Typisch ist seine rotbraune Färbung mit schwarzen Flecken bei beiden Geschlechtern, das Männchen hat außerdem einen grauen Kopf und einen schwarzen Bart. **Vorkommen** Neben dem Mäusebussard unser häufigster Greifvogel. Sehr anpassungsfähig: Brütet oft in Städten, auch in Wäldern, sogar auf Strommasten. Zur Nahrungssuche in offener Landschaft über Wiesen und Äckern. **Lebensweise** Frisst hauptsächlich Mäuse, auch Kleinvögel. **Wissenswertes** Charakteristisch für Turmfalken sind ihre Rüttelflüge: Wie an einem unsichtbaren Faden aufgehängt stehen sie dabei mit nach unten gerichtetem Kopf und gefächertem Schwanz auf einer Stelle in der Luft, schlagen mit den Flügeln und stürzen plötzlich steil herab.

Steinkauz

Athene noctua (oben links)

- sehr kleine Eule
- auch bei Tage aktiv
- nächtlicher Ruf: »Komm mit!«

Merkmale Kleine Eule, kleiner als eine Taube. Typisch ist ihr braunweiß gepunktetes Gefieder. **Vorkommen** In offenen Landschaften mit höhlenreichen Kopfweiden und Obstbäumen. **Lebensweise** Ist im Gegensatz zu den meisten anderen Eulen auch am Tag aktiv. Brütet in geräumigen Baumhöhlen oder auch in speziellen Niströhren. Seine Hauptnahrung besteht aus Mäusen, Regenwürmern und Insekten, die er am besten auf kurzrasigen Wiesen erbeuten kann. **Wissenswertes** Immer weniger Höhlenbäume in einer immer monotoneren Agrarlandschaft machen der kleinen Eule bei uns das Leben schwer. Wo es noch genügend Nahrung gibt, können spezielle Nistkästen (80–100 cm hoch, ca. 16 cm breit mit Einflugloch von 6–8 cm Durchmesser) Abhilfe schaffen.

Rebhuhn

Perdix perdix (oben rechts)

- fliegt dicht über dem Boden
- »Reb-reb-reb«-Huhn
- gefährdeter Brutvogel

Merkmale Kleines, gedrungenes Huhn, höchstens halb so groß wie unser Haushuhn. Beide Geschlechter grau und braun mit orangebraunem Gesicht. Im Flug fällt der kurze Schwanz auf (im Gegensatz zum Fasan). **Vorkommen** In extensiv bewirtschaftetem Ackerland mit Ackerrainen, Brachland, Wiesen, Hecken und Gräben. **Lebensweise** Baut ein Bodennest an Grabenrändern oder Heckensäumen. Frisst hauptsächlich Sämereien und Knospen, füttert die Küken aber mit eiweißreicher Insekten- und Spinnenkost. **Wissenswertes** Einst überall in Europa häufig, ist das Rebhuhn heute zu einem gefährdeten Brutvogel geworden. Durch immer intensiveren Maschineneinsatz werden viele Nester und Küken zerstört, es gibt kaum noch Versteckmöglichkeiten und selbst die wenigen verbliebenen Vögel finden kaum noch genug zu fressen.

Fasan

Phasianus colchicus (Mitte und unten)

- häufig ausgewildert
- groß, bunt und auffällig
- beliebtes Jagdwild

Merkmale Hühnergroß mit extrem langem Schwanz. Das Männchen (Mitte) ist bunt mit roten Hautlappen im Gesicht, das Weibchen (unten) schlicht braun marmoriert. **Vorkommen** Häufiger Brutvogel im Tiefland mit Feldern und Hecken. **Lebensweise** Bodennest im Schutz dichter Vegetation. Da nur das (tarnfarbene) Weibchen brütet, kann sich das Männchen seine bunte und auffällige Gefiederpracht erlauben. Frisst hauptsächlich Getreide, Samen und andere Pflanzenteile. Die Küken werden zunächst mit Insekten gefüttert. **Wissenswertes** Ursprünglich ein Brutvogel Asiens, der bei uns in Fasanerien gezüchtet und regelmäßig als Jagdwild freigelassen wird. Ohne diesen »Nachschub« und Winterfütterungen könnte der eher an warme Regionen angepasste Fasan bei uns nicht überleben.

Kiebitz

Vanellus vanellus (oben links)

- auffällige Flugspiele
- im Flug breite, runde Flügel
- außer der Brutzeit in großen Schwärmen

Merkmale Taubengroß, kontrastreich schwarzweiß. Auffällige Federlocke auf dem Kopf, beim Männchen länger. Gaukelnder Flug und runde, breite Flügel. **Vorkommen** In baumarmen Wiesenlandschaften mit niedriger Vegetation. **Lebensweise** Brütet in lockeren Kolonien, verteidigt Nester gemeinsam gegen Feinde. Nahrung hauptsächlich Insekten und Regenwürmer. **Wissenswertes** Mit Flugspielen über dem Brutgebiet markieren die Männchen ihr Revier.

Großer Brachvogel

Numenius arquata (oben rechts)

- Schnabel lang, nach unten gebogen
- mag offene Landschaften
- Symbolvogel der Wiesenbrüter

Merkmale Gut krähengroß, mit langem, abwärts gebogenem Schnabel. Im Flug weißer Keil auf dem Rücken sichtbar. Stimmungsvolle »tlüih«-Rufe. **Vorkommen** Brutvogel offener Wiesenlandschaften ohne Sichthindernisse. **Lebensweise** Bodenbrüter, frisst Regenwürmer, Muscheln, Mückenlarven und andere Insekten. Zur Zugzeit in großen Schwärmen im Wattenmeer. **Wissenswertes** Wo Brachvögel erfolgreich brüten, sind unsere Wiesen noch in Ordnung. Für den Naturschutz ist er der Symbolvogel für alle Wiesenbrüter.

Kuckuck

Cuculus canorus (Mitte links und rechts)

- allbekannte »Kuckuck«-Rufe
- legt seine Eier in fremde Nester
- Einzelgänger

Merkmale Etwas kleiner als eine Taube, mit langem Schwanz und spitzen Flügeln. Kann grau oder braun gefärbt sein. **Vorkommen** Offene Flächen mit geeigneten Sitzwarten. **Lebensweise** Frisst Schmetterlingsraupen, Käfer und Heuschrecken. **Wissenswertes** Der Kuckuck ist ein Brutparasit: Seine Eier verteilt er einzeln auf die Nester kleiner Singvögel, gern Teichrohrsänger und Rotkehlchen. Der Jungkuckuck (links) befördert seine Stiefgeschwister aus dem Nest, seine Zieheltern, die viel kleiner sind als er, müssen hart arbeiten, um den Parasiten satt zu bekommen.

Neuntöter

Lanius collurio (unten links und rechts)

- Räubermaske
- spießt Opfer auf
- roter Rücken

Merkmale Spatzengroß, großer Kopf, kräftiger Schnabel, langer Schwanz. Männchen (rechts) mit rotbraunem Rücken, grauem Kopf und schwarzer »Räubermaske«, Weibchen (links) schlichter graubraun. **Vorkommen** Dornbuschhecken in freier Landschaft. **Lebensweise** Nest in Dornensträuchern wie Schlehe, Weißdorn oder Heckenrose. Erbeutet große Insekten und Spinnen, aber auch Mäuse. **Wissenswertes** Der Neuntöter zählt zur Familie der Würger: Sie horten ihre Beute, auf Dornen gespießt, als Vorrat.

Feldlerche

Alauda arvensis (oben links)

> »Himmelslerche«
> singt schon ab Februar
> gut verstecktes Bodennest

Merkmale Etwas größer als Spatz, unauffällig bräunlich mit im Flug gut erkennbaren, breiten Flügeln mit weißem Hinterrand. **Vorkommen** Häufiger Brutvogel auf Äckern und Feldern. **Lebensweise** Bodenbrüter in niedriger Vegetation, ernährt sich von Insekten, Spinnen, Würmern und Samen. Sitzt meist am Boden oder auf kleinen Erhöhungen. **Wissenswertes** Vollbringt »Höchstleistungen«, indem sie in großer Höhe (Rekord: 400 m) auf der Stelle fliegt (»Himmelslerche«) und dabei singt.

Wiesenpieper

Anthus pratensis (oben rechts)

> Ruf: »Ist ist ist hiieer hiier hier«
> Fallschirm-Flüge
> überwintert am Mittelmeer

Merkmale Etwa spatzengroß, aber zierlicher mit schlankem, spitzem Schnabel. Beide Geschlechter unauffällig braun gestrichelt und am ehesten an ihrem typischen Verhalten und Gesang zu erkennen. **Vorkommen** Auf offenen, baum- und straucharmen Flächen. **Lebensweise** Gut versteckte Bodennester, meist mit Sichtschutz nach oben. Lebt von kleinen Insekten, Würmern und Sämereien. **Wissenswertes** Typische Singflüge, zu denen die Männchen vom Boden oder einer niedrigen Warte aus starten, dann steil aufsteigen und wie Fallschirme wieder zu Boden gleiten.

Braunkehlchen

Saxicola rubetra (Mitte)

> warnt »wi tek tek!«
> sitzt auf niedrigen Warten
> heute bedrohter Wiesenvogel

Merkmale Kleiner als Spatz, rundliche Gestalt mit feinem Schnabel und kurzem Schwanz. Männchen mit orangebrauner Brust und weißem Überaugenstreif, Weibchen insgesamt blasser. **Vorkommen** In offenen Wiesenlandschaften, die nicht sehr intensiv genutzt werden. Im Winter südlich der Sahara. **Lebensweise** Baut ein Nest in Bodennähe, lebt von Insekten, Spinnen und Würmern. **Wissenswertes** Durch Trockenlegungen von Wiesen und zu intensive Düngung mit zu häufigen Grasschnitten ist der einst häufige Wiesenvogel bei uns selten geworden.

Goldammer

Emberiza citrinella (unten)

> Heckenvogel
> »Wie wie wie hab ich Dich liiieb!«
> im Winter an Futterplätzen

Merkmale Gut spatzengroß mit langem Schwanz, beim Männchen Kopf und Brust zitronengelb, beim Weibchen (Foto) schlichter gelbgrün. Gesang weit hörbar: »Wie wie wie hab ich dich liiieeb«. Singt häufig noch als einziger Vogel im Hochsommer. **Vorkommen** In offenen Landschaften mit Büschen und Hecken. **Lebensweise** Nest auf dem Boden in der Vegetation. Frisst Sämereien, Insekten und Spinnen. **Wissenswertes** Im Winter oft mit anderen Finken auf Äckern und an Futterplätzen.

Wild-Kaninchen

Oryctolagus cuniculus (oben links)

- Wildform aller »Stallhasen«
- unterirdische Baue
- oft eine Plage

Merkmale Wie ein »niedlicher«, kleiner Hase mit rundlichem Kopf und kürzeren, stets aufgerichteten Ohren ohne schwarze Spitzen (im Gegensatz zum Feldhasen). **Vorkommen** Häufig in Dünen und Heiden, aber auch auf Wiesen und Feldern, in Gärten und Parks. **Lebensweise** Lebt in Großfamilien in weit verzweigten Bauen. Frisst Kräuter, Wurzeln und Gemüse, auch Schnecken und Regenwürmer. Vermehrt sich »wie die Karnickel« und kann zur Plage werden. **Wissenswertes** Das Wildkaninchen ist die wilde Stammform aller Hauskaninchen und so genannter »Stallhasen«.

Feldhase

Lepus europaeus (oben rechts)

- läuft 70 km/h
- scharrt Sassen
- schwarze Ohrspitzen

Merkmale Etwa katzengroß mit langen Ohren und Hinterbeinen. Ohrspitzen stets schwarz. **Vorkommen** In Acker- und Wiesenlandschaften. **Lebensweise** Der Feldhase ist überwiegend dämmerungsaktiv. Im Gegensatz zum Kaninchen legt er keine unterirdischen Baue an, sondern scharrt als Versteck Mulden in den Boden (»Sassen«). Flüchtet durch Rennen und Hakenschlagen. Frisst Gräser, Kräuter, Früchte, Aas und Kleintiere. **Wissenswertes** Er ist ein beliebtes Beutetier von Marder, Fuchs und Uhu.

Feldmaus

Microtus arvalis (Mitte links und rechts)

- unsere häufigste Wühlmaus
- oberirdische Gänge sichtbar
- Massenvermehrungen

Merkmale 9–12 cm große, gelblich graue Wühlmaus. **Vorkommen** Auf Äckern und Wiesen, Weiden und Gärten. **Lebensweise** Dämmerungs- und nachtaktiv. Wühlt weit verzweigte, unterirdische Baue und nagt oberirdische Gänge in die Vegetation. Frisst Gräser, Kräuter, Wurzeln, Feldfrüchte, Samen, Insekten. **Wissenswertes** Alle zwei bis vier Jahre Massenvermehrungen. In solchen »Mäusejahren« haben Fressfeinde wie Mäusebussard, Schleiereule und Steinkauz besonders gute Bruterfolge.

Mauswiesel

Mustela nivalis (unten)

- kleinstes Raubtier der Welt
- jagt in Mäusegängen
- bekämpft Mäuseplagen

Merkmale Mausgroßer Marder mit rotbraunem Rücken und weißer Unterseite. Nur im Hochgebirge und im hohen Norden trägt er ein weißes Winterkleid. **Vorkommen** In fast allen Landschaften, die Deckung bieten und reichlich Wühlmäuse. **Lebensweise** Das Mauswiesel ist so klein, dass es Wühlmäuse auch in deren Gänge verfolgen kann. Erbeutet auch Eidechsen und Frösche, Vögel und deren Eier sowie Insekten und anderes Kleingetier. **Wissenswertes** Auf einigen Mittelmeerinseln wurden Mauswiesel erfolgreich eingesetzt, um Mäuseplagen zu bekämpfen.

Lebensraum Siedlung

Natur ist häufig da am spannendsten, wo wir sie jeden Tag erleben: in unserer eigenen Umgebung. Es ist bemerkenswert, wie viele wilde Pflanzen und Tiere sich dem Menschen angeschlossen haben. So gedeiht das Gänseblümchen am besten auf unserem Rasen, Schwalben nutzen Hauswände als Ersatzfelsen und Störchen dienen Schornsteine als »Nistbaum«. Natürlich zählen auch weniger beliebte Untermieter wie Stubenfliegen oder Hornissen dazu. Doch je mehr wir über sie wissen, desto besser können wir mit ihnen zusammenleben – oder uns vor ihnen schützen.

Rosskastanie

Aesculus hippocastanum (oben links und rechts)

> weiße Blütenkerzen
> klebrige Winterknospen
> Kastanien zum Basteln und zur Winterfütterung

Merkmale Rosskastaniengewächse (*Hippocastanaceae*). Bis zu 25 m hoher, sommergrüner Baum mit handförmig gefingerten Blättern, 20–30 cm hohen, weißen Blütenkerzen und stacheligen Früchten, in denen sich die braun glänzenden Kastanien befinden. Auch ohne Blätter und Blüten erkennt man die Rosskastanie im Winter leicht an ihren rotbraunen, klebrigen Winterknospen. Blütezeit April/Mai, Fruchtreife September/Oktober. **Vorkommen** Wild wächst die Rosskastanie nur auf der Balkanhalbinsel, als Zierbaum wird sie aber seit Ende des 16. Jahrhunderts in fast ganz Europa angepflanzt. **Wissenswertes** Die Blüten werden von Bienen und Hummeln bestäubt. Bei rot oder rosa blühenden Bäumen (*A. carnea*) handelt es sich um Kreuzungen mit der Pavie (*A. pavia*).

Sommer-Linde

Tilia platyphyllos (Mitte links und rechts)

> wird 1000 Jahre
> wertvolle Bienenweide
> duftet abends am intensivsten

Merkmale Lindengewächse (*Tiliaceae*). Bis zu 40 m hoher, sommergrüner Baum mit weichen, herzförmigen Blättern. Sie sind 10–15 cm lang, am Rand gesägt und beidseitig weich und weiß behaart. Linden gehören zu den wenigen heimischen Laubbäumen, die erst blühen, nachdem sie vollständig belaubt sind. Die Blüten sind hellgelb und etwa 1 cm groß, sie hängen zu zwei bis fünf unter den Blättern. Die etwa 1 cm großen Früchte erinnern an Kirschkerne, sie sind kugelig und stark verholzt. Blütezeit Juni, Fruchtreife September. **Vorkommen** In Europa bis Kleinasien und Kaukasus heimisch. **Wissenswertes** Sehr ähnlich ist die Winterlinde (*T. cordata*). Sie hat aber im Unterschied zur Sommerlinde oberseits kahle Blätter und die Behaarung auf der Blattunterseite ist statt weiß eher rotbraun. Ihre Früchte sind kaum fünfrippig und hängen nicht unter dem Blätterdach, sondern sie liegen darauf.

Efeu

Hedera helix (unten links und rechts)

> immergrüner Kletterer
> im Winter oft rötlich
> in Gärten auch als Zuchtform

Merkmale Efeugewächse (*Araliaceae*). Immergrüner Kriech- und Kletterstrauch. Blätter dunkelgrün mit weißer Aderung, fast dreieckig und ledrig. Die Sprosse sind mit zahlreichen, braunen Haftwürzelchen bedeckt. In Wäldern oder anderen schattigen Stellen kriecht der Efeu am Boden, steigt dann mit seinen Haftwurzeln bis zu 20 m hoch an Bäumen oder Steinwänden empor. Blüten unscheinbar, klein und grünlich gelb, in Dolden. Früchte (rechts) blauschwarz, wie kleine Beeren. Blütezeit September/Oktober, Fruchtreife Februar bis April. **Vorkommen** Wild in west- und mitteleuropäischen Laubwäldern. **Wissenswertes** Im vollen Sonnenlicht bildet der Efeu ganz anders gestaltete Blätter aus! Sie sind fast herzförmig und nicht weiß geadert. Auch tragen hier die Sprosse keine Haftwurzeln mehr.

Kriechender Hahnenfuß

Ranunculus repens (oben)

> Blüten glänzen goldgelb
> wächst, wo es feucht ist
> kriecht mit Ausläufern am Boden

Merkmale Hahnenfußgewächse (*Ranunculaceae*). 10–40 cm hoch mit lackartig glänzenden, goldgelben Blüten. Blätter gefiedert. Kriecht mit Ausläufern am Boden. Blütezeit Mai bis September. **Vorkommen** Sehr häufig auf feuchten Lehm- und Tonböden, in Gärten, an Weg- und Waldrändern, Ufern und auf Äckern. **Wissenswertes** Der Name *Ranunculus* bedeutet Frosch und weist auf die Vorliebe der Pflanze für feuchte bis nasse Böden hin.

Große Brennnessel

Urtica dioica (Mitte links)

> Blätter am Rand gesägt
> bei Berührung Brennen
> Schmetterlingspflanze

Merkmale Nesselgewächse (*Urticaceae*). 0,5–1,5 m hoch mit typischen, am Rand scharf gesägten Brennnesselblättern. Ganze Pflanze dicht mit Brennhaaren besetzt. Blütezeit Juni bis Oktober. **Vorkommen** Sehr häufig auf stickstoffreichen Böden, an Wegrändern, auf Wiesen und in Gräben. **Wissenswertes** Bei Berührung brechen winzige Brennhaare an der Spitze ab und injizieren ein Gift, das Nesselausschläge mit Jucken und Rötungen hervorruft. Gar nicht stört das die Raupen zahlreicher Schmetterlinge: Viele fressen hauptsächlich an Brennnesseln.

Weiß-Klee

Trifolium repens (Mitte rechts)

> weiße Blütenköpfe
> dreiteilige Kleeblätter
> wertvolle Futterpflanze

Merkmale Schmetterlingsblütler (*Fabaceae*). 5–15 cm hoch mit kugeligen, weißen, etwa 2 cm großen Blütenköpfen auf einem langen Stiel. Typische, dreiteilige Kleeblätter. Blütezeit Mai bis August. **Vorkommen** Auf Rasen, Wiesen und fetten Weiden. **Wissenswertes** Auf Weiden ist die wertvolle, eiweißreiche Futterpflanze gern gesehen und wird auch vielfach angebaut. Auf Rasen ist der Klee weniger beliebt, weil er stechende Bienen und Hummeln anlockt. Trittunempfindlich breitet er sich rasch durch Ausläufer aus und verdrängt so angesäte Gräser.

Giersch

Aegopodium podagraria (unten)

> nicht »auszurotten«
> lecker und gesund
> Heilpflanze gegen Gicht

Merkmale Doldengewächse (*Apiaceae*). 0,3–1 m hoch mit meist doppelt dreiteilig gefiederten Blättern. Zahlreiche, winzige Blüten zu einem weißen Blütenschirm vereinigt. Blütezeit Mai bis August. **Vorkommen** Sehr häufig in schattigen, nährstoffreichen Gärten, Hecken und Wäldern. **Wissenswertes** Der Giersch ist ein schier unausrottbares Gartenunkraut. Statt zu verzweifeln, bereitet man aus jungen Blättern lieber einen gesunden Frühlingssalat oder nutzt ihn als Spinat.

Herkulesstaude, Riesen-Bärenklau

Heracleum mantegazzianum (oben links und rechts)

> Vorsicht, ätzend!
> eingeschleppte Art
> wird 4 m hoch

Merkmale Doldengewächse (*Apiaceae*). Riesige, 2–4 m hohe Pflanze, Stängel bis 10 cm im Durchmesser. Weiße Blütenschirme bis über 50 cm groß. Blütezeit Juni bis Oktober. **Vorkommen** Ursprünglich im Kaukasus beheimatet, bei uns eingeschleppt und zur Zierde angepflanzt. **Wissenswertes** Wie auch der bei uns heimische, kleinere Wiesen-Bärenklau enthält der Pflanzensaft giftige Furocumarine, allerdings in sehr viel höherer Konzentration. So kann die Berührung der Blätter bei empfindlichen Menschen an sonnigen Tagen zu Brandblasen und zur Ausbildung ganzer Geschwüre führen, die sehr schlecht heilen. Besonders ätzend ist der Milchsaft im Stängel. Eine Gefahr besonders für Kinder, die gern mit den Stängeln »fechten«! Die üppige Staude verdrängt zudem einheimische, geschützte Pflanzen und sollte auch deshalb nicht weiter ausgebracht werden.

Vogelmiere

Stellaria media (Mitte)

> blüht das ganze Jahr über
> lecker zum Salat
> von Vögeln geschätzt

Merkmale Nelkengewächse (*Caryophyllaceae*). 5–40 cm hoch und meist niederliegend bis kriechend. Blüten etwa 0,5 cm groß und weiß. Blätter klein, eiförmig. Blütezeit ganzjährig von Januar bis Dezember. **Vorkommen** Kulturfolger, sehr häufig in Gärten, auf Äckern, Ödland und an Ufern. **Wissenswertes** Bei Gärtnern ist die Vogelmiere eher zu Unrecht als lästiges Gartenunkraut verschrieen: Im Winter hält sie als wertvoller Bodendecker die Erde feucht und locker, im Frühjahr ergeben ihre gejäteten Blätter einen gesunden und leckeren Salat. Reich an Kalzium, Magnesium und Vitamin C ist das die reinste Frühjahrskur. Da die Vogelmiere in der Regel wieder problemlos nachwächst, liefert sie den ganzen Sommer über frisches Grün für die Gemüsesuppe aus eigenem Garten. Vögel schätzen die ganzjährig gebildeten Samen.

Zaunwinde

Calystegia sepium (unten)

> prachtvolle Trichterblüten
> windet sich empor
> eine Plage im Garten

Merkmale Windengewächse (*Convolvulaceae*). 1–3 m hoch mit sich hochwindendem Stängel und auffallend großen, weißen Trichterblüten. Blüten 3,5–5 cm groß, Blätter pfeilförmig, 4–12 cm lang. Blütezeit Juni bis Oktober. **Vorkommen** Sehr häufig auf nassen, nährstoffreichen Böden, an Ufern, feuchten Gebüschen und Waldrändern. **Wissenswertes** Ihre weißen Trichterblüten zählen zu den größten und dekorativsten Blüten, die unsere heimische Flora zu bieten hat. Dennoch macht sich die Zaunwinde mit ihrer Eigenschaft, sich an allem hochzuwinden, selten Freunde. So überwuchert die Art innerhalb weniger Wochen ganze Staudenbeete, Büsche und sogar kleine Bäume, bis diese unter Lichtmangel absterben. Für Schmetterlinge ist die Zaunwinde eine wichtige Nektarpflanze.

Breit-Wegerich

Plantago major (oben)

> der »König der Wege«
> breite, ledrige Blätter
> schlanke Blütenähren

Merkmale Wegerichgewächse (*Plantaginaceae*). 10–40 cm hoch, Blätter breit eiförmig, alle in einer Rosette am Grund. Blüten klein und unscheinbar, rot-grün, in einer 2–10 cm langen, schlanken Ähre. Blütezeit Juni bis Oktober. **Vorkommen** Sehr häufig auf verdichteten und betretenen Böden, auf Wegen, Wiesen, Ödland und auf Schuttplätzen. **Wissenswertes** Wegerich heißt so viel wie »König der Wege«, was sich auf seine Häufigkeit auf viel betretenen Wegen bezieht. Seine ledrigen, breiten (Name!) Blätter sind widerstandsfähig gegen Verletzungen und die Wurzeln reichen tief in verdichtete Böden hinab. Optimal dem Standort angepasst ist seine Verbreitungsstrategie: Bei Feuchtigkeit quellen die Samen zu einer klebrigen Masse auf und haften an Fuß- und Schuhsohlen von Tier und Mensch.

Gänseblümchen

Bellis perennis (Mitte)

> blüht auch im Winter
> häufig im Rasen
> Heilpflanze

Merkmale Korbblütlergewächse (*Asteraceae*). 3–15 cm hoch mit den bekannten, innen gelben und außen weißen Blüten. Blätter eiförmig, als Rosette am Grund. Blütezeit Februar bis Dezember. **Vorkommen** Häufig auf Rasen, Weiden und an Wegrändern. **Wissenswertes** Namen wie »Maßliebchen« und »Tausendschön« zeigen die Beliebtheit der hübschen und bescheidenen Pflanze, die überdies schon blüht, wenn alle anderen Blütenpflanzen noch in schützenden Knospenhüllen ruhen. Das heute aus keinem Rasen mehr wegzudenkende Gänseblümchen konnte sich erst mit der Mode, Grünanlagen kurz zu mähen, ausbreiten, denn nur hier bekommt es genügend Licht zum Wachsen. In der Volksmedizin wird es als Heilmittel gegen Husten, Bronchitis, Leber- und Gallebeschwerden genutzt.

Wiesen-Löwenzahn

Taraxacum officinale (unten links und rechts)

> »Butterblume«
> Blätter »wie Löwenzähne«
> bekannt als Pusteblume

Merkmale Korbblütlergewächse (*Asteraceae*). 5–50 cm hoch mit den bekannten, tief gesägten Löwenzahn-Blättern (Name!) und leuchtend gelben Blüten, die sich innerhalb weniger Tage zu den bei Kindern beliebten Pusteblumen entwickeln. Blütezeit April bis Oktober. **Vorkommen** Überall häufig, auf Rasen, Wiesen und Weiden. **Wissenswertes** Im Volksmund unter dem Namen »Butterblume« bekannt; früher benutzte man die Blüten, um Butter intensiver gelb zu färben. Pflückt man Löwenzahn-Stängel, so wird ein weißer Milchsaft frei, der nicht von Kindern ausgesaugt werden sollte, er ist nämlich schwach giftig! Die Blätter eignen sich hingegen sehr gut zum Verzehr, zusammen mit Giersch und Gänseblümchen (am besten sind hier die Blüten) ergeben sie einen vitaminreichen Salat. Mit seinen tiefen Pfahlwurzeln zählt der Löwenzahn zu den schwer loszuwerdenden »Unkräutern« im Garten.

Rote Wegschnecke

Arion ater (oben links und rechts)

> häufige »Nacktschnecke«
> bringt Gärtner zur Verzweiflung
> zäher Körperschleim

Merkmale Bis zu 15 cm lange Schnecke ohne Gehäuse (»Nacktschnecke«). Färbung von Ziegelrot über Braun bis Schwarz. **Vorkommen** Sehr häufig und weit verbreitet, von Wäldern bis zu kleinsten Gärten überall. **Lebensweise** Kriecht besonders nach Regen überall auf Wegen, an Waldrändern, Hecken und in Gärten. Frisst Pflanzen, Abfälle, Aas und Kot. Legt kugelige, weiße Eier (rechts) in kleine Erdlöcher. **Wissenswertes** Frostarme Winter und feuchtwarme Sommer lassen den Bestand förmlich explodieren!

Großer Schnegel

Limax maximus (Mitte links)

> frisst Nacktschnecken!
> »Tigerschnegel«
> Vorratsschädling

Merkmale Bis zu 20 cm lange, schlanke Nacktschnecke mit dunklen Streifen und Flecken (»Tigerschnegel«). **Vorkommen** In Wäldern, Parks, Gärten, Schuppen und Kellern. **Lebensweise** Ernährt sich von grünen Pflanzen, Pilzen und Aas, jagt aber auch andere Nacktschnecken! **Wissenswertes** Wie für Nacktschnecken typisch, pflanzt sich auch der Schnegel zahlreich fort. Ein Gelege umfasst bis zu 200 Eier, aus denen nach wenigen Wochen die Jungschnecken schlüpfen.

Gefleckte Schnirkelschnecke

Arianta arbustorum (Mitte rechts)

> unsere häufigste Gehäuseschnecke
> braunes Haus, gelbe Flecken
> auf allem, was grünt

Merkmale Kugeliges, 2–2,5 cm großes Gehäuse, meist braun mit strohgelben Streifen und Flecken (Name!), an der Seite mit dunklem Spiralband. **Vorkommen** Überall häufig. **Lebensweise** Frisst Blätter von Bäumen und Sträuchern, Kräuter, Pilze und Beeren. **Wissenswertes** In schattigen, kalkarmen Lebensräumen sind die Gehäuse oft dünnschalig und einfarbig braun, im Hochgebirge werden sie nur etwa 1 cm groß.

Weinbergschnecke

Helix pomatia (unten)

> unsere bekannteste Schnecke
> braucht Wärme und Kalk
> Kulturfolgerin

Merkmale Wohl bekannteste Schnecke. Etwa 5 cm großes, kräftiges Gehäuse. Es hat meist fünf Umgänge und ist weißlich bis dunkelbraun gefärbt. **Vorkommen** In Wäldern, Wiesen, Weinbergen und Gärten. **Lebensweise** Zum Aufbau ihres Gehäuses benötigt sie viel Kalk und kommt deshalb bevorzugt in Gebieten mit kalkhaltigen Böden vor. Sonnige Lebensräume wie Weinberge sind für sie ideal. Ernährt sich von Pflanzen. **Wissenswertes** Zieht sich bei Gefahr »in ihr Schneckenhaus zurück«. So übersteht sie auch kalte Winter.

Regenwurm

Lumbricus terrestris (oben)

- > wühlt im Untergrund
- > schafft fruchtbare Böden
- > meidet Trockenheit und Sonne

Merkmale Bis zu 30 cm langer, rosa bis bräunlicher, geringelter Wurm. **Vorkommen** Kommt fast überall in der Erde vor. **Lebensweise** Lebt in bis etwa 1,5 m tiefen, selbst gegrabenen Gängen und frisst Erde. So sorgen Regenwürmer für eine gute Durchlüftung des Bodens und erzeugen wertvollen Humus. **Wissenswertes** Man kann die ökologische Bedeutung der Regenwürmer gar nicht hoch genug einschätzen. Unter 1 m^2 Bodenfläche können etwa 50 Regenwürmer leben.

Gartenkreuzspinne

Araneus diadematus (Mitte links)

- > trägt ein weißes Kreuz
- > baut große Radnetze
- > tötet mit Giftbiss

Merkmale Bis zu etwa 1,5 cm groß, sehr variabel gefärbt (gelb bis bräunlich), aber immer mit kreuzförmiger Zeichnung aus länglichen, weißen Flecken auf dem Hinterleib (Name!). Typisch ist ihr großes Radnetz. **Vorkommen** An Waldrändern, auf Wiesen und in Gärten. Spinnt ihr Netz im Gebüsch. **Lebensweise** Lauert im Zentrum des Netzes, bis sich Beute darin verfängt. Dann wickelt sie sie in Spinnfäden und tötet sie mit ihrem Giftbiss. **Wissenswertes** Männchen sind nur 0,5–1 cm groß.

Zebraspringspinne

Salticus scenius (Mitte rechts)

- > schwarzweiß gestreift
- > springt ihre Opfer an
- > an Häusern häufig

Merkmale Etwa 0,5 cm große, zebraartig schwarzweiß gestreifte Spinne mit kurzen, kräftigen, hell und dunkel gezeichneten Beinen. **Vorkommen** Sehr häufig an und in Gebäuden und Zäunen. **Lebensweise** Pirscht sich vorsichtig an ihre Beute (z. B. Fliegen) an, um urplötzlich vorzuspringen und mit ihren kräftigen Giftklauen zuzuschlagen. Damit sie selbst dabei nicht abstürzt, spinnt sie sich einen »Sicherheitsfaden«. **Wissenswertes** Ist nur an sonnigen Tagen aktiv, bei kühlem Wetter bleibt sie in ihrem Gespinst in kleinsten Mauerfugen versteckt.

Kellerassel

Porcellio scaber (unten)

- > Krebse auf Landgang
- > brauchen es immer feucht
- > sorgende Mütter

Merkmale 1,5–2 cm groß und graubräunlich mit sehr flachem Körper aus plattenartigen Segmenten. **Vorkommen** In feuchten Wäldern, Komposthaufen und feuchten Kellern sehr häufig. **Lebensweise** Asseln sind landbewohnende Krebse und atmen wie Fische durch Kiemen. Deshalb können sie nur an Orten überleben, die so nass sind, dass ihre Hinterbeine mit den Kiemen stets feucht gehalten werden. Asseln ernähren sich hauptsächlich von verrottenden Pflanzen. **Wissenswertes** Asselmütter tragen ihre Jungen 40–50 Tage lang am Bauch in einem Brutbeutel umher.

Silberfischchen

Lepisma saccharina (oben links)

> »Zuckergast«
> völlig harmlos
> gern in älteren Wohnungen

Merkmale Etwa 1 cm großes, so genanntes »ur(tümliches) Insekt«, das noch keine Flügel ausgebildet hat. Silbriger Körper, vorne mit zwei Antennen und hinten mit drei langen Schwanzanhängen. **Vorkommen** Häufig in älteren Wohnungen, was kein Zeichen für mangelnde Sauberkeit ist, sondern für vorhandene Versteckmöglichkeiten. **Lebensweise** Lichtscheu und nachtaktiv, frisst kleinste, organische Partikelchen und ist völlig harmlos. Huscht in Verstecke, sobald das Licht angeht. **Wissenswertes** Wird höchstens bei Massenauftreten an Vorräten lästig.

Gemeiner Ohrwurm

Forficula auricularia (oben rechts)

> nicht an Ohren interessiert
> tagsüber in Verstecken
> frisst Blattläuse

Merkmale Kein Wurm, sondern ein bis etwa 2 cm großes Insekt mit zwei kräftigen Zangen am Hinterleib. **Vorkommen** Fast überall sehr häufig. **Lebensweise** Dämmerungs- und nachtaktiv, tagsüber in dunklen Verstecken, z. B. unter Borke oder Blumentöpfen. Gilt als Nützling, weil er Blattläuse frisst, knabbert als Allesfresser aber auch junge Triebe an. **Wissenswertes** Weder kriecht er in Ohren, noch ist er ein Wurm, und kneifen (»Ohrenkneifer«) tut er auch nicht.

Maulwurfsgrille

Gryllotalpa gryllotalpa (Mitte)

> Vorderbeine wie Grabschaufeln
> lebt wie ein Maulwurf
> kann zur Plage werden

Merkmale Unverwechselbar durch ihre mächtigen, zu Grabschaufeln umgebildeten Vorderbeine. Sie wird bis zu 5 cm groß, ist braun und hat kurze Fühler. **Vorkommen** Im Nor-den sehr selten, im Süden Deutschlands regelmäßig. Auf Feuchtwiesen, in Sümpfen und Gärten mit lockeren, feuchten Böden. **Lebensweise** Lebt unterirdisch wie ein Maulwurf und frisst dabei im Boden lebende Würmer und Insektenlarven, aber auch Pflanzenwurzeln. **Wissenswertes** Durch das Nagen an Wurzeln verursacht sie z. T. Schäden in Gärten, auf Äckern und in Wäldern.

Gemeine Florfliege

Chrysoperla carnea (unten links und rechts)

> »Goldauge«
> Nützling für den Menschen
> im Winter oft in Häusern

Merkmale Etwa 1 cm groß, grün und zart mit vier durchsichtigen Flügeln und goldenen Augen. Färbt sich im Herbst rötlich braun. Legt gestielte Eier ab (rechts). **Vorkommen** Häufig in Wäldern und Gärten, im Winter oft in Häusern. **Lebensweise** Fliegt hauptsächlich in der Dämmerung und jagt Blattläuse. Noch effektiver tut dies ihre gefräßige Larve, die auch als »Blattlaus-Löwe« bezeichnet wird. **Wissenswertes** Sie wird zur biologischen Schädlingsbekämpfung gegen Blattläuse gezüchtet.

Siebenpunkt-Marienkäfer

Coccinella septempunctata (oben links und rechts)

> rot mit sieben schwarzen Punkten
> vertilgt Blattläuse
> gelegentlich in Massen

Merkmale Etwa 0,5 cm groß, rund, rot mit sieben schwarzen Punkten. Seine Larve (links) ist lang gestreckt und blau mit gelben Flecken. **Vorkommen** Überall häufig, an Waldrändern, in Wiesen und Gärten. **Lebensweise** Die hübschen und beliebten Marienkäfer gelten als Glücksbringer, was sie auf alle Fälle auch für Gärtner und Landwirte sind. Denn die Käfer, besonders aber ihre Larven, vertilgen Unmengen an Blattläusen und Milben. Ihre leuchtend gelben Eier legen die Käfer in dichten Klumpen meist in unmittelbare Nachbarschaft von Blattlauskolonien – so haben die Larven nach dem Schlupf etwas zu fressen. **Wissenswertes** Die hübsche Färbung des Marienkäfers soll Fressfeinde warnen. Denn als Abwehr sondert er eine gelbe, übel riechende und bittere Flüssigkeit ab.

Gefleckter Schmalbock

Strangalia maculata (Mitte)

> oft auf Blütenschirmen
> gelbschwarz gestreift
> braucht morsches Holz

Merkmale 1,5–2 cm großer, gelbschwarz gestreifter Käfer mit langen und kräftigen, gelbschwarz geringelten Fühlern. **Vorkommen** An Waldrändern, auf blütenreichen Wiesen und in Gärten. Seine Larven brauchen zur Entwicklung morsches Holz. **Lebensweise** Meist sieht man die Käfer auf Blütenschirmen sitzen und Pollen fressen. Sie knabbern aber auch Pflanzen an. Ihre Larven leben drei Jahre in morschen Waldbäumen und -sträuchern in Bodennähe. **Wissenswertes** Der Gefleckte Schmalbock zählt auch heute noch zu den häufigeren Vertretern aus der Familie der Bockkäfer. Andere Arten wie der Große Eichenbock werden dagegen immer seltener: Seine Larven können sich nur in alten, morschen Eichen entwickeln und die sind in der modernen Forstwirtschaft kaum noch zu finden.

Kartoffelkäfer

Leptinotarsa decemlineata (unten links und rechts)

> bekannt und unbeliebt
> frisst Kartoffelblätter
> aus Amerika eingeführt

Merkmale Unverwechselbarer, etwa 1 cm großer, rundlicher Käfer mit gelbschwarz gestreiften Flügeldecken und orangem Halsschild mit schwarzen Punkten. **Vorkommen** Ursprünglich nur in Nordamerika, heute weltweit auf Kartoffelfeldern und in Gemüsegärten. **Lebensweise** Der Käfer und seine Larven (links) fressen »nur« die Blätter und nicht die Knollen von Kartoffeln sowie von nah verwandten Pflanzen. Die Weibchen legen über 2000 Eier in kleinen Paketen an die Unterseite übrig gelassener Blätter. **Wissenswertes** Erstmals gelangte der Kartoffelkäfer 1876 mit Handelsschiffen von Amerika nach Frankreich in den Hafen von Bordeaux. Seit 1938 frisst er auch östlich des Rheins und konnte sich in den Kriegsjahren bis zur Elbe hin ausbreiten. Bei Massenbefall kann es zu beträchtlichen Schäden kommen.

Hornisse

Vespa crabro (oben)

> friedfertige Riesenwespe
> lebt in Staaten
> größte Wespenart

Merkmale 2–3,5 cm große, kräftige Wespe mit braunem Vorderkörper und gelbschwarz gestreiftem Hinterleib. **Vorkommen** In lichten Wäldern und in Siedlungen. **Lebensweise** Ursprünglich eine Waldbewohnerin, die ihre Nester in Baumhöhlen anlegt. Da alte, morsche Bäume immer seltener werden, breitet sich die Art auch in Siedlungen aus, wo sie ihre Nester unter Dachsparren, in Vogelnistkästen oder ähnlichen Hohlräumen anlegt. **Wissenswertes** Angeblich sollen sieben ihrer Stiche ein Pferd töten. Solche und ähnliche Geschichten sind Unsinn! Ein Hornissenstich ist nicht giftiger als ein Bienen- oder Wespenstich. Und die Wahrscheinlichkeit, gestochen zu werden, ist viel geringer, weil Hornissen viel scheuer und friedlicher sind.

Deutsche Wespe

Vespula germanica (Mitte links und rechts)

> lästig an der Kaffeetafel
> aggressiv im Nestbereich
> sticht schmerzhaft

Merkmale 1–1,5 cm große, schwarzgelb gestreifte Wespe. **Vorkommen** Überall häufig. **Lebensweise** Baut Nester an dunklen, verborgenen Orten wie in Mäuselöchern oder im Inneren von Gebäuden hinter Verkleidungen oder Verschalungen. Dazu kaut sie morsches Holz durch, bis es dünn wie Papier ist. In jede Zelle des Wabennestes (links) legt die Königin des Staates ein Ei. Die geschlüpften Larven werden mit getöteten Insekten gefüttert. Im Laufe des Sommers wachsen der Staat und das Nest kontinuierlich weiter, darin leben etwa zwischen 1000 und 10 000 Tiere. **Wissenswertes** Durch ihre Angewohnheit, Süßigkeiten zu naschen und zu stechen, wenn man sie vertreiben will, ist diese häufigste aller Wespen äußerst lästig. Leider treffen Bekämpfungsmaßnahmen meist ins Leere, weil man dabei selten die sehr gut versteckten Nester der eigentlichen Übeltäter vernichtet, sondern eher die absolut harmloser Wespenarten.

Honigbiene

Apis mellifera (unten links und rechts)

> sammelt Pollen und Nektar
> liefert unseren Honig
> sticht schmerzhaft

Merkmale 1–1,5 cm groß, bräunlich und dicht behaart. **Vorkommen** Ursprünglich in Wäldern zu Hause, heute überall häufig, wo Imker Bienen züchten. **Lebensweise** Baut Wabennester (links) aus Wachs, das sie in Drüsen produziert. In die sechseckigen Zellen werden die Eier gelegt. Natürlicherweise befestigen die Bienen ihre Nester in hohlen Baumstämmen, der Imker bietet ihnen fertige Kunststoffnester an. Ein Bienenvolk kann bis zu 80 000 Tiere beherbergen. Zur Versorgung sammeln die Bienen-Arbeiterinnen Blütennektar, den sie in den Waben lagern. Aus ihm besteht der Honig. Außerdem sammeln sie Blütenpollen zur Fütterung der Larven. **Wissenswertes** Wo die Honigbiene fliegt, verdrängt sie Wildbienen-Völker und sollte deshalb nicht in sensiblen Schutzgebieten angesiedelt werden.

Gemeine Winterschwebfliege

Episyrphus balteatus (oben)

- tut, als sei sie eine Wespe
- völlig harmlos
- nützlicher Blütenbesucher

Merkmale Etwa 1 cm große Fliege (keine Wespe!) mit schwarzgelb gestreiftem Hinterleib. Typisch sind ihre Schwirrflüge: Dabei »steht« sie im Flug auf einer Stelle vor der Blüte und schwirrt mit den Flügeln. **Vorkommen** Überall da, wo es reichlich Blüten gibt. Fliegt gelegentlich an warmen Wintertagen (Name!). **Lebensweise** Schwebfliegen sind blütenbesuchende Fliegen. Das Weibchen legt seine Eier genau wie Marienkäfer gezielt an Blattlaus-Kolonien ab. So haben ihre Larven nach dem Schlüpfen gleich ihre Lieblingsspeise vor der »Nase«. Sie fangen die Läuse und saugen sie aus. **Wissenswertes** Die gelb-schwarze Warnfärbung der harmlosen Fliege ist kein Zufall: Sie täuscht damit nicht nur den Menschen, sondern vor allem Fressfeinde wie Vögel, die das wespenähnliche Tier lieber in Ruhe lassen.

Gemeine Stubenfliege

Musca domestica (Mitte)

- lästig im Haus
- läuft an der Zimmerdecke
- lebt von Nahrungsresten

Merkmale Knapp 1 cm große, überwiegend schwarze Fliege mit großen, rotbraunen Augen. **Vorkommen** Sehr häufig in menschlichen Wohnungen sowie in Ställen. **Lebensweise** Lebt von Nahrungsresten, die sie mit ihrem stempelartigen Saugrüssel auftupft. Feste Nahrung feuchtet sie erst mit Speichel an, um sie dann in verflüssigter Form aufzutupfen. Die Weibchen legen ihre bis zu 150 Eier in Aas, auf Dung oder in Komposthaufen ab. Bereits nach kurzer Zeit wimmelt es darin von weißen Fliegenmaden und schon nach zwei bis drei Wochen sind diese fertige Stubenfliegen. **Wissenswertes** Im Herbst gehen die meisten Fliegen zugrunde. Einige überwintern aber in Gebäuderitzen und kommen an den ersten warmen Märztagen heraus.

Großer Kohlweißling

Pieris brassicae (unten links und rechts)

- frisst Kohl
- klettert an Hauswänden hoch
- häufig in Gemüsegärten

Merkmale Etwa 3 cm groß und weiß mit schwarzer Flügelspitze. Weibchen außerdem mit je zwei schwarzen Punkten auf den Vorderflügeln. Raupe (links) schwarzgelb. **Vorkommen** Häufig auf Feldern und in Gärten. **Lebensweise** Bekannt und unbeliebt wegen seiner Vorliebe für Kohl: Die Falter legen ihre Eier auf Kohlblättern ab, die geschlüpften Raupen leben in geselligen und gefräßigen Gruppen und »skelettieren« dabei Kohlblätter, bis nur noch die Mittelrippe übrig ist. Flugzeit April bis Oktober. **Wissenswertes** Die Raupe krabbelt gern an Hauswänden hoch, um sich hier zu verpuppen. Seit der Mensch begann, großflächig Kohl anzubauen, wurden diese Felder zu einem wahren Schlaraffenland für diesen Schmetterling! Durch riesige Monokulturen kommt es immer wieder zu Massenvermehrungen.

Kleiner Fuchs

Aglais urticae (oben links und rechts)

> überwintert in Gebäuden
> braucht Brennnesseln
> im Herbst häufig in Gärten

Merkmale Etwa 3 cm großer, bunter Schmetterling. Flügel orange und braun mit schwarzen Flecken und blauer Fleckenreihe am Hinterrand. Raupe schwarz mit gelben Längsstreifen. **Vorkommen** Überall häufig. **Lebensweise** Überwintert in Häusern, kommt früh im Jahr hervor und saugt Nektar an früh blühenden Pflanzen. Die Raupen leben in Massen an Brennnesseln, die sie kahl fressen. **Wissenswertes** Häufig im Herbst an Astern und am Schmetterlingsflieder.

Tagpfauenauge

Inachis io (Mitte links)

> mit großen »Pfauenaugen«
> schwarze Stachelraupen
> überwintert in Häusern

Merkmale Etwa 3,5 cm groß, rotbraun mit leuchtend blauen Augenflecken auf jedem Flügel, die an Pfauenfedern erinnern (Name!). Raupe schwarz und stachelig mit kleinen, weißen Punkten. **Vorkommen** Oft in offenen Lebensräumen. **Lebensweise** Die Falter fliegen auf Kleefeldern und Blumenbeeten, die Raupen entwickeln sich auf Brennnesseln. **Wissenswertes** Wer im Winter »eingefrorene« Falter auf dem Dachboden findet, sollte sie dort lassen! Warme Zimmer bedeuten das Todesurteil für die Tiere, die erst im Frühjahr wieder Nektar finden.

Admiral

Vanessa atalanta (Mitte rechts)

> der »Zugvogel« der Schmetterlinge
> wandert durch ganz Europa
> nascht an Fallobst

Merkmale Bis zu 3,5 cm groß und braunschwarz mit orangefarbenem Band und weißen Flecken an der Spitze der Vorderflügel. Raupe schwarz mit gelben Flecken. **Vorkommen** Überall häufig. **Lebensweise** Die Falter wandern durch ganz Europa: Im Herbst ziehen jene, die nördlich der Alpen leben, ans Mittelmeer und kommen im Frühjahr wieder zurück. Sie saugen Blütensäfte und an Fallobst. Ihre Raupen leben an Brennnesselblättern. **Wissenswertes** Nördlich der Alpen überlebt der kälteempfindliche Falter selten den Winter.

Distelfalter

Cynthia cardui (unten links und rechts)

> von Afrika bis zum Polarkreis
> mag Disteln und Brennnesseln
> in offenen Landschaften

Merkmale Etwa 3 cm groß, orangefarben, Flügelspitzen schwarz mit weißen Punkten **Vorkommen** In Südeuropa und Nordafrika. Außer in Wäldern nahezu überall häufig. **Lebensweise** Der Distelfalter fliegt jährlich aus dem europäischen und dem afrikanischen Mittelmeerraum zu uns und produziert hier eine oder auch mehrere Nachfolgegenerationen. Im Herbst fliegen die Distelfalter zurück in wärmere Gebiete. **Wissenswertes** Einzelne Falter wandern im Sommer bis an den Polarkreis.

Straßentaube

Columba livia f. domestica (oben)

> brütet gern auf Gebäuden
> wenig scheu
> in Scharen auf Marktplätzen

Merkmale Knapp hühnergroß und sehr variabel gefärbt: Von nahezu weiß über Grau- und Brauntöne bis hin zu schwarz. **Vorkommen** Brutvogel in Städten, häufig auf Marktplätzen und in der Nähe von Sehenswürdigkeiten. **Lebensweise** Brütet bevorzugt in hohen Gebäuden mit Mauerlöchern, Nischen oder Simsen. Als Nahrung dienen hauptsächlich Brot, Mais, Knospen und Jungpflanzen sowie Zivilisationsabfälle. **Wissenswertes** Straßentauben stammen von verwilderten Haustauben ab, die ihren Ursprung wiederum in der felsbrütenden Felsentaube haben. Unsere Gebäude dienen den anpassungsfähigen Tauben als Ersatzfelsen. Mit ihren ständigen Balzrufen »gruuh-ohh-uhh« und den dicken Kotschichten im Nistbereich machen sie sich bei Städtern oft unbeliebt.

Türkentaube

Streptopelia decaocto (Mitte links und rechts)

> in Dörfern und Städten
> Einwanderer aus Asien
> ruft dreisilbig »hu-huu-hu«

Merkmale Schlanke und helle, sandfarbene Taube mit schwarzem Nackenband. Typisch ist ihr dreisilbiger Revierruf mit Betonung auf der zweiten Silbe. **Vorkommen** In Dörfern und Städten, gern in der Nähe von Baumgruppen. **Lebensweise** Lebt vegetarisch von Samen, Blättern und Kräutern oder Beeren, profitiert aber auch von Fütterungen in Tier- und Stadtparks. Das Nest (links) wird bevorzugt auf Bäumen und Büschen gebaut, aber auch an Gebäuden. Brütet meist zwei- bis viermal im Jahr, gelegentlich sogar im Winter. **Wissenswertes** Die ursprünglich in Vorderasien beheimatete Taube hat sich in den letzten Jahrzehnten rasant über Mitteleuropa ausgebreitet. Heute zählt sie zu den häufigen Brutvögeln in unseren Städten und Dörfern.

Schleiereule

Tyto alba (unten)

> weißer Gesichtsschleier
> in Kirchtürmen und Scheunen
> fliegt lautlos

Merkmale Schlanke, hochbeinige und helle Eule mit herzförmigem, weißem Gesichtsschleier. **Vorkommen** In offener, relativ waldarmer Kulturlandschaft mit geeigneten Brutplätzen in Scheunen, auf Dachböden, in Kirchtürmen oder in Ruinen. Auch künstliche Nisthilfen werden angenommen. Nachts hört man vom Brutplatz keuchende, schnarchende und zischende Laute. **Lebensweise** Die nachtaktive Eule geht in offenem Gelände am Rand von Ortschaften auf Jagd. Zu ihrer Hauptbeute zählen Feldmäuse und Spitzmäuse. Während das Weibchen allein die Eier ausbrütet, wird es vom Männchen mit Nahrung versorgt. Schlechte Mäusejahre bedeuten für die Schleiereule schlechten Bruterfolg. **Wissenswertes** Neben geeigneten Brutplätzen benötigen Schleiereulen in strengen Wintern Zugang zu Gebäuden, in denen sie auf Mäusejagd gehen können.

Mauersegler

Apus apus (oben)

> jagt durch Häuserschluchten
> schriller Rufer im Flug
> schläft im Flug

Merkmale Größer als Schwalben, mit denen er häufig verwechselt wird. Typisch sind seine langen, sichelförmigen Flügel und der kurze Schwanz. Außer der grauweißen Kehle komplett rußschwarzer Körper. **Vorkommen** Typischer Großstadtvogel. **Lebensweise** Rasanter Dauerflieger, der sein Leben außerhalb der Brutzeit in der Luft verbringt. Die Segler balzen in der Luft, ernähren sich von umherfliegendem Kleingetier, sogar die Nächte werden in hohen Luftschichten verbracht, wo sie in der Thermik segelnd schlafen. Brüten in Mauerlöchern, unter Dächern und in anderen dunklen Hohlräumen. **Wissenswertes** Auffällig sind die Flugjagden an lauen Sommerabenden. Unter schrillen »sriiieeh«-Rufen preschen sie dann gemeinsam durch die Häuserschluchten unserer Städte.

Rauchschwalbe

Hirundo rustica (Mitte)

> unsere häufigste Schwalbe
> auffallend lange Schwanzspieße
> Nest im Inneren von Gebäuden

Merkmale Große, oberseits blauschwarz metallische Schwalbe mit langen Schwanzspießen und rostrotem Gesicht bei beiden Geschlechtern. **Vorkommen** In offenen Kulturlandschaften mit Dörfern und Einzelgehöften, im Gegensatz zum Mauersegler nicht in Städten. Brütet in Ställen und anderen Gebäuden. **Lebensweise** Baut ihr Nest aus lehmigen Erdklümpchen, die sie mit Speichel und eingeflochtenen Halmen an Wände klebt. Bevorzugt hierzu die Innenräume frei zugänglicher Gebäude. Jagt Insekten im Flug, bei regnerischem Wetter dicht über dem Boden. **Wissenswertes** Im Herbst, vor dem Abflug in ihre afrikanischen Winterquartiere, versammeln sich Rauchschwalben zu großen Schwärmen. Häufig sieht man sie dann zu Hunderten auf Leitungsdrähten sitzen.

Mehlschwalbe

Delichon urbica (unten)

> markanter, weißer Rückenfleck
> kurz gegabelter Schwanz
> Nest an Außenwänden

Merkmale Kleiner als Rauchschwalbe mit kurz gegabeltem Schwanz ohne Schwanzspieß. Weißes Feld auf dem Rücken, fällt im Flug schon von weitem auf. Unterseite rein weiß. Fliegt weniger rasant und wendig als die Rauchschwalbe **Vorkommen** In menschlichen Siedlungen vom Einzelhaus bis zum Großstadtzentrum. **Lebensweise** Nistet im Gegensatz zur Rauchschwalbe außen an Gebäuden, meist zu mehreren Paaren. Bevorzugt raue Wände, die etwas überdacht und vor Regen geschützt sind. Ihr Nest baut sie aus Lehmkügelchen, die sie mit Speichel verklebt. Mehlschwalben fliegen oft gemeinsam über Gewässern, dabei erbeuten sie hauptsächlich Mücken und Fliegen. **Wissenswertes** Für den Bau eines Nestes benötigen Mehlschwalben zwei bis drei Wochen und etwa 700–1500 Lehmkügelchen.

Heckenbraunelle

Prunella modularis (oben links)

> singt von hoher Warte
> huscht mausartig umher
> im Winter am Futterhäuschen

Merkmale Knapp spatzengroß und ähnlich schlicht braun und grau gefärbt, aber mit pinzettenartigem Insektenfresserschnabel. Am auffälligsten ist ihr glockenheller, plaudernder Gesang. **Vorkommen** Sehr häufiger Brutvogel in Wald, Parks und Gärten, wegen des bescheidenen Aussehens trotzdem recht unbekannt. **Lebensweise** Sucht Nahrung meist am Boden. Erbeutet im Sommer vor allem kleine Insekten, im Winter Samen. **Wissenswertes** Kommt im Winter an Futterplätze.

Rotkehlchen

Erithacus rubecula (oben rechts)

> Gesicht und Brust orangerot
> feierlicher Gesang in der Dämmerung
> im Winter am Futterhäuschen

Merkmale Etwas kleiner als ein Spatz, rundlich, Gesicht und Brust orangerot. Singt (sehr) früh und abends. **Vorkommen** Häufiger Brutvogel in Wäldern, Gebüschen, Parks und Gärten mit reichlich Unterwuchs. **Lebensweise** Sucht auf dem Boden nach Insekten, Würmern und Schnecken, frisst im Herbst und Winter Beeren. Baut tiefe Napfnester, gern in Baumhöhlungen oder in dichtem Pflanzenwuchs. **Wissenswertes** Ein Teil der Rotkehlchen zieht im Herbst in den Mittelmeerraum, die Überwinterer halten sich in Parks und Gärten auf.

Gartenrotschwanz

Phoenicurus phoenicurus (Mitte links und rechts)

> rostroter Schwanz
> nimmt gern Nistkästen an
> Knicksen und Schwanzzittern sind typisch

Merkmale Etwas kleiner als Spatz. Rostroter Schwanz fällt besonders im Flug auf. Männchen (links) prächtig rot, schwarz und weiß, Weibchen (rechts) schlicht graubraun. **Vorkommen** Häufiger Brutvogel an Waldrändern, in Parks und Gärten, gern in Obstgärten. Verbringt den Winter in Zentral- und Westafrika, kehrt im April zurück. **Lebensweise** Singt schon vor Sonnenaufgang. Erbeutet Insekten. **Wissenswertes** Nimmt gern Nistkästen an.

Hausrotschwanz

Phoenicurus ochruros (unten links und rechts)

> Schwanz rostrot
> Gesang knisternd und knirschend

Merkmale Spatzengroß, aber zierlicher mit rostrotem Schwanz. Männchen (rechts) auffällig rußschwarz, Weibchen (links) graubraun. Frühaufsteher kennen seinen typischen Gesang, den er noch vor dem Hellwerden über die Dachfirste schmettert: Dem »Wo wo wo bi bist« folgt eine Reihe knisternder und knirschender Laute. **Vorkommen** In Dörfern und Städten. **Lebensweise** Brütet in Halbhöhlen an Gebäuden, fängt Insekten und Spinnen. **Wissenswertes** Ursprünglicher Felsenbrüter, hat sein Brutgebiet ins Tiefland ausgebreitet, indem er hohe Gebäude als Ersatzfelsen nutzt.

Amsel

Turdus merula (oben und Mitte)

> »Schwarzdrossel«
> orgelt und flötet
> im Winter am Futterhaus

Merkmale Männchen (oben) schwarz mit gelbem Schnabel, Weibchen (Mitte) braun mit Flecken. Wohlklingender, flötender Gesang. **Vorkommen** Einer der häufigsten Brutvögel unserer Dörfer und Städte, aber auch in Wäldern und Parks. **Lebensweise** Ursprünglich in Wäldern zu Hause, hat sich nach und nach dem Menschen angeschlossen, in dessen Nähe sie reichlich Nahrung und Deckung für ihr Nest findet. Häufig baut sie es in Kletterpflanzen an Mauern, auch auf Dachbalken und in vielerlei Nischen. Frisst am liebsten Regenwürmer und Insekten, im Herbst gern Früchte. **Wissenswertes** Wer kennt es nicht: »Amsel, Drossel, Fink und Star ...«: Doch die Weisheit aus unseren Kindertagen trügt ein wenig. Die Amsel ist eine Drossel, genau wie die Singdrossel. Im Volksmund heißt sie auch »Schwarzdrossel«.

Singdrossel

Turdus philomelos (unten links)

> singt alles zwei- bis dreimal
> gepunkteter Bauch
> typisch: Drosselschmieden

Merkmale Etwas kleiner als die Amsel, beide Geschlechter olivbraun mit gepunktetem Bauch. Singt lautstark in der Dämmerung, wiederholt dabei die meisten Elemente mehrmals, das klingt dann wie: »Kuhdieb, Kuhdieb!« **Vorkommen** In lichten Wäldern, Parks und Gärten mit Büschen und Bäumen. **Lebensweise** Baut aufwändiges, stabiles Nest aus Zweigen, Gras, feuchter Erde und zerkleinertem Holz in Bäumen und Büschen. Pickt am Boden nach Würmern, anderen Bodentieren und Schnecken. **Wissenswertes** Zu ihren Lieblingsspeisen zählen Gehäuseschnecken: Die packt sie mit dem Schnabel und schlägt sie gegen eine harte Unterlage wie einen Stein (»Drosselschmiede«), um an das leckere Innere zu kommen. So einen »Amboss« benutzt sie häufig über mehrere Jahre.

Grauschnäpper

Muscicapa striata (unten rechs)

> »Hausvögelchen«
> schnappt nach Insekten
> am Nest wenig scheu

Merkmale Alles in allem ein leicht zu übersehender und überhörender Vogel. Kleiner als der Spatz, doch ähnlich bescheiden gefärbt; mit pinzettenartigem Insektenfresserschnabel. Wer genau hinschaut, erkennt die typische, fein gestrichelte Brust. Ebenso unauffällig wie sein Äußeres ist der kaum hörbare Gesang aus einzelnen, hohen Tönen. **Vorkommen** In lichten Wäldern, Parks und Gärten. **Lebensweise** Baut sein Nest in Halbhöhlen fast jeder Art: in Wäldern in Astlöchern oder hinter loser Borke, im Siedlungsbereich über Außenleuchten, in Blumenkästen oder in alten Vogelnestern von Amseln oder Schwalben. **Wissenswertes** Typische Verhaltensweise: Unternimmt von einer Sitzwarte aus kurze Jagdflüge auf Insekten und landet danach wieder am selben Platz. Dabei zuckt er häufig mit dem Schwanz und mit den Flügeln.

Zilpzalp

Phylloscopus collybita (oben)

> ruft seinen Namen
> »Backofennest«
> Nestbau ist hier Frauensache

Merkmale Deutlich kleiner als ein Spatz, olivbraunes, rundliches, unruhiges Vögelchen. **Vorkommen** Häufiger Brutvogel in Mischwäldern, Parks und Gärten. **Lebensweise** Sucht ständig Blätter nach Insekten und Spinnen ab. Das Männchen singt sein »zalp zalp zilp zalp zalp« gern von erhöhten Zweigen herab. Derweil fliegt das Weibchen etwa 1200–1500 Mal hin und her, um Halme und Moos für das kugelige Nest herzuschaffen. **Wissenswertes** Schlägt beim Umherhüpfen ständig mit dem Schwanz.

Mönchsgrasmücke

Sylvia atricapilla (Mitte links und rechts)

> baut Spielnester
> nie ohne Kappe
> singt auch zur Mittagszeit

Merkmale Kleiner und zierlicher als Spatz. Typisch ist die Kappe: Beim Männchen (links) ist sie schwarz, beim Weibchen (rechts) rotbraun. **Vorkommen** Sehr anpassungsfähiger, häufiger Brutvogel in Wäldern, Hecken, Parks, Gärten und Städten. **Lebensweise** Frisst Insekten, Spinnen und Beeren. **Wissenswertes** Solange das Männchen allein ist, baut es mehrere Nester, so genannte Spielnester. So lockt es seine Auserwählte an. Hat sie sich für eins (und ihn) entschieden, muss sie mit anpacken, damit es fertig wird.

Zaunkönig

Troglodytes troglodytes (unten links)

> klein, aber laut
> huscht wie eine Maus
> knickst häufig

Merkmale Rundlicher, brauner Winzling, viel kleiner als Spatz, stelzt häufig mit dem Schwanz. Selbst mitten im Winter hört man oft seinen lang anhaltenden, lauthals schmetternden Gesang. **Vorkommen** In Wäldern, Hecken, Parks und Gärten mit Dickichten und Schlupfwinkeln. **Lebensweise** Baut kunstvolle, kugelige und dickwandige Nester an Baumwurzeln, aber auch an kuriosen Halbhöhlen wie Blechdosen. **Wissenswertes** Einzelne Zaunkönige verbringen den Winter bei uns. Sie übernachten gern an Häusern oder in Schuppen und kommen tagsüber an Futterplätze.

Star

Sturnus vulgaris (unten rechts)

> schwatzt pausenlos
> brütet gern in Nistkästen
> im Herbst riesige Schwärme

Merkmale Knapp amselgroß mit schwärzlich grün und purpurn schillerndem Gefieder und zitronengelbem Schnabel. Im Flug auffällig kurzer Schwanz und dreieckige Flügel. **Vorkommen** Verbreiteter Brutvogel im Kulturland. Häufig in Nistkästen im Garten. **Lebensweise** Baut selbst nur »schlampige« Nester, brütet lieber in Spechthöhlen und Nistkästen. **Wissenswertes** Gesang ein Schwätzen, Pfeifen und Schnarren, ahmt talentiert andere Vögel nach. Im Herbst in riesigen Schwärmen, die häufig in Großstädten oder Schilfgebieten übernachten.

Blaumeise

Parus caeruleus (oben)

- unser einziger blaugelber Vogel
- im Winter an Meisenringen
- turnt an Zweigen

Merkmale Kleiner als Spatz, rund und gedrungen mit kurzem Schnabel. Typisch ist ihr blaugelbes Gefieder, es ist beim Weibchen nicht ganz so leuchtend wie beim Männchen. **Vorkommen** Lichte Wälder, Parks, Hecken und Gärten mit Höhlen. **Lebensweise** Turnt an kleinen Zweigen, pickt kleine Insekten wie Blatt- und Schildläuse und Spinnen auf. **Wissenswertes** Durch Nistkästen und Winterfütterungen konnte sich die Blaumeise bei uns stark vermehren.

Kohlmeise

Parus major (Mitte)

- singt meisentypisches »zi zi bääh«
- wird oft handzahm
- plustert sich bei Kälte auf

Merkmale Unsere größte und häufigste Meise, etwas kleiner als ein Spatz. Typischer schwarzweißer Kopf, gelber Bauch, das Männchen ist leicht an seinem breiteren schwarzen Bauchstreifen zu erkennen. **Vorkommen** Ganzjährig in lichten Wäldern, Parks und Gärten. **Lebensweise** Zur Nahrungssuche (Raupen und andere Insekten) an Baumstämmen und am Boden. Brütet in Baumhöhlen, in Mauerritzen und Nistkästen. **Wissenswertes** Konkurriert mit der Blaumeise um Nistkästen, deren Einflugöffnungen sie mit dem Schnabel größer pickt.

Schwanzmeise

Aegithalos caudatus (unten links)

- extrem langer Schwanz
- kunstvolles Kugelnest
- nach der Brutzeit in Winterschwärmen

Merkmale Viel kleiner als Spatz, klein und rundlich mit winzigem Schnabel und sehr langem Schwanz. **Vorkommen** In Mischwäldern, Parks und großen Gärten mit vielen Büschen. **Lebensweise** Sucht an den äußersten Zweigspitzen nach Nahrung, v. a. Blattläuse, Raupen, Mücken und Spinnen. Das Nest ist eine dickwandige Kugel mit seitlichem Eingang, es wird mit mehr als 2000 Federn ausgepolstert. **Wissenswertes** Nach der Brutzeit fliegen Schwanzmeisen in kleinen Trupps von bis zu 30 Vögeln umher (bis etwa Mitte April).

Kleiber

Sitta europaea (unten rechts)

- kopfüber an Stämmen
- »Spechtschnabel«
- klebt Höhlen zu

Merkmale Spatzengroß mit spechtartigem Schnabel, gedrungenem Körper und kurzem Schwanz. Mit grauem Rücken, orangefarbenem Bauch und schwarzem Augenstreif. Weibchen etwas blasser. **Vorkommen** Häufig in Wäldern, Parks und Gärten. **Lebensweise** Pickt Insekten aus der Rinde von Baumstämmen. **Wissenswertes** »Kleiber« bedeutet »Kleber«, denn die Weibchen kleben Bruthöhlen mit Lehmklümpchen so weit zu, dass gerade noch sie selbst hineinpassen (kein größerer Vogel oder Eierräuber).

Elster

Pica pica (oben links)

- **extrem langer Schwanz**
- **baut große Reisignester**
- **ist kein Dieb**

Merkmale Etwas kleiner als eine Krähe, auffällig schwarz-weiß mit sehr langem Schwanz. **Vorkommen** Offene Kulturlandschaft mit Büschen und Bäumen, Gärten. **Lebensweise** Männchen und Weibchen leben in Dauerehe, bauen große Reisignester. Allesfresser: Insekten, Schnecken, Eier, Jungvögel, Aas, Abfälle. **Wissenswertes** Elsternester werden gern von Waldohreulen und Turmfalken bezogen, die selbst keine Nester bauen. Noch konnte nicht bewiesen werden, dass Elstern glitzernde Gegenstände stehlen.

Dohle

Corvus monedula (oben rechts)

- **helle »kja«-Rufe**
- **lebenslanger Ehebund**
- **schlauer Rabenvogel**

Merkmale Kleiner als Krähe mit kürzerem Schnabel und grauem Nacken. **Vorkommen** Oft in menschlicher Nähe, brütet meist in Kolonien auf Gebäuden, in Fels- und Baumhöhlen. Nicht im Gebirge (vgl. Alpendohle Seite 212). **Lebensweise** Allesfresser: Insekten, Schnecken, Mäuse, Vogeljunge, Feldfrüchte, Abfall. Sucht auf Äckern und Wiesen nach Nahrung, auch an Müllkippen. **Wissenswertes** In Winterschwärmen mit Krähen hört man Dohlen an ihren hellen »kja«-Rufen heraus. Bekannt ist ihre Sprachbegabung.

Rabenkrähe

Corvus corone corone (Mitte)

- **lebt paarweise**
- **im Winter in großen Scharen**
- **ruft laut »kraahh«**

Merkmale Schwarz mit kräftigem schwarzen Schnabel. **Vorkommen** In Kulturland mit Siedlungen, Dörfern und Bäumen. **Lebensweise** Lebt paarweise in großem Revier. Baut ihr großes Nest meist in Baumkronen am Waldrand, in Alleen und Parks. Zur Nahrungssuche auf Äckern und Wiesen. Frisst Insekten, Würmer, Mäuse, Eier, Jungvögel, Früchte und Abfälle. **Wissenswertes** Mit der Nebelkrähe (*Corvus corone cornix*) wird sie zu einer Art, der Aaskrähe (*Corvus corone*), zusammengefasst. In Deutschland kommt die hellgrau und schwarz gefärbte Nebelkrähe nur im Nordosten vor.

Saatkrähe

Corvus frugilegus (unten)

- **lärmende Brutkolonien**
- **Altvögel mit Grau im Gesicht**
- **mag keimendes Getreide**

Merkmale Sehr ähnlich der Rabenkrähe, Altvögel sind aber z. T. um den Schnabel herum gräulich weiß. Das liegt daran, dass diese Partie unbefiedert ist. **Vorkommen** Offene Landschaften mit Nistmöglichkeiten auf Bäumen. **Lebensweise** Brutkolonien oft in Parks. Ernährt sich stärker pflanzlich als Rabenkrähen, mag gern keimendes Getreide, aber auch Insekten, Würmer, Mäuse, Eier, Jungvögel, Aas und Abfall. **Wissenswertes** Saatkrähen bilden im Winter Massenschlafplätze (bis zu 150 000 Vögel) gemeinsam mit Dohlen und Rabenkrähen.

Hausspatz

Passer domesticus (oben links und rechts)

> lärmende Hausgenossen
> im Winter am Futterhäuschen
> immer in Gesellschaft

Merkmale Männchen mit grauem Kopf und rein weißen Wangen (Unterschied zum Feldspatz). Weibchen schlicht graubraun. **Vorkommen** Das ganze Jahr in menschlichen Siedlungen, auch in Großstädten. **Lebensweise** Brütet meist in Kolonien von 10–20 Paaren. Nester in Nischen an Gebäuden. Ernährt sich von Getreide, Grassamen, Insekten, Haushaltsabfällen. **Wissenswertes** Außerhalb der Brutzeit schwärmen ganze Trupps aus, um sich an Grassaat und Getreide satt zu fressen.

Feldspatz

Passer montanus (Mitte links)

> scheuer als Hausspatz
> braune Mütze
> dem Nistplatz lebenslang treu

Merkmale Männchen und Weibchen gleich gefärbt. Typisch sind ihre schokoladenbraunen Mützen und die weißen Wangen mit einem kräftigen, schwarzen Fleck. **Vorkommen** Brütet in Hecken, an Waldrändern und in Gärten. Nicht so eng an Menschen gebunden wie Hausspatz. **Lebensweise** Nest meist in Baumhöhlen, Kopfweiden oder Nistkästen, aber auch in Nischen unter dem Dach. Brütet eher nicht in Kolonien wie Hausspatz. Frisst Sämereien wie Getreide, zur Brutzeit auch viele Insekten. **Wissenswertes** Im Winter häufig in Schwärmen mit Hausspatz und Buchfink.

Grünfink

Carduelis chloris (Mitte rechts)

> grüner Futterhaus-Besetzer
> ruft laut »grüüü«
> streitbarer Geselle

Merkmale So groß wie ein Spatz, grün mit leuchtend gelben Abzeichen und auffallend dickem Schnabel. Weibchen blasser gefärbt. Singt häufig den Anfang seines Namens: »grüüü«. **Vorkommen** Ganzjährig in der Nähe des Menschen, in Gärten und Parks, oft an Futterplätzen. **Lebensweise** Getrennte Nest- und Nahrungsreviere. Nest meist in Bäumen oder Büschen. Außerhalb der Brutzeit in Trupps auf Nahrungssuche, im Winter auch häufig in gemischten Verbänden mit anderen Finken. **Wissenswertes** Macht sich im Winter am Futterhaus breit und vertreibt andere Vögel.

Gimpel

Pyrrhola pyrrhola (unten links und rechts)

> lässt sich mit Pfiffen locken
> »Dompfaff«
> lebt versteckt

Merkmale So groß wie ein Spatz, aber plumper. Kurzer, dicker Schnabel, schwarze Kopfkappe. Männchen (links) unten leuchtend rot, Weibchen (rechts) braun. Pfeift sanft »düüüüüe«. **Vorkommen** In Wäldern, Parks, auf Friedhöfen und in Gärten. **Lebensweise** Nest gut versteckt im Gebüsch. Weibchen brütet allein, wird dann vom Männchen gefüttert. **Wissenswertes** Gimpel sind in der Brutzeit recht heimliche Vögel, die trotz ihrer auffälligen Färbung leicht zu übersehen sind. Lassen sich mit ihren leicht nachzuahmenden Pfiffen anlocken.

Igel

Erinaceus europaeus (oben)

- schnüffelt und schmatzt
- rollt sich bei Gefahr ein
- hält Winterschlaf

Merkmale Etwa 30 cm groß, Rücken dicht mit 2–3 cm langen Stacheln besetzt. **Vorkommen** In Siedlungen mit Gärten, lichten Wäldern und Parks. **Lebensweise** Einzelgänger, der vorzugsweise nachts schnüffelnd und schmatzend durch Wälder und Gärten streift. Als Insektenfresser stöbert er nach Regenwürmern, Schnecken, Insekten und Asseln, er schätzt aber auch süßes Obst, Eier und Jungvögel. Hält von Oktober bis April Winterschlaf, gern in Laub-, Kompost- oder Reisighaufen. **Wissenswertes** Rollt sich bei Gefahr zur Stachelkugel ein: So schützt er seinen unbestachelten Kopf, Bauch und Beine. Was Fressfeinde erfolgreich abschreckt, hilft ihm wenig gegen heranrollende Fahrzeuge. So wird der Igel leider häufig zum Verkehrsopfer.

Maulwurf

Talpa europaea (Mitte)

- mit Grabschaufel und Spürnase
- lebt unterirdisch
- wirft Erdhügel auf

Merkmale Wie eine große Maus mit mächtigen Grabklauen, samtweichem Fell und winzigen, im Fell verborgenen Augen und Ohren. **Vorkommen** Auf Wiesen mit lockerer Erde, in Gärten und lichten Laubwäldern. **Lebensweise** Lebt ausschließlich unter Tage in weit verzweigten, bis zu 200 m weiten, etwa 50 cm tiefen selbst geschaufelten Gangsystemen. Hier spürt er Insekten, deren Larven, Tausendfüßer, Schnecken und Würmer auf. Das Aushubmaterial wirft er als allbekannten Maulwurfshaufen auf. **Wissenswertes** Unter großen Maulwurfshügeln befinden sich im Sommer die Nester mit zwei bis neun nackten, nur fingergroßen Jungen, im Winter die Winterburgen mit Nest- und Vorratskammern. Zum Leidwesen vieler Gartenfreunde hält der Maulwurf, anders als der verwandte Igel, keinen Winterschlaf.

Gemeiner Abendsegler

Nyctalus noctula (unten)

- recht große Fledermaus
- jagt vor Sonnenuntergang
- Quartiere in Baumhöhlen

Merkmale Mit 7–8 cm Körperlänge eine große Fledermaus. Fell oberseits rotbraun, unterseits gelbbraun. Im Flug mit etwa 40 cm Spannweite größer als eine Rauchschwalbe. **Vorkommen** In Dörfern und Städten im Flachland, auch in Mischwäldern und Parks. **Lebensweise** Beginnt häufig kurz vor Sonnenuntergang mit Jagdflügen. Dann sieht man die große Fledermaus nicht selten gemeinsam mit Schwalben und Mauerseglern jagen. Ortet Fluginsekten mit Ultraschall: Schnell aufeinander ausgestoßene Peillaute werden von den Beuteinsekten reflektiert und mit den großen Ohren empfangen. Tagsüber versteckt er sich in Baumhöhlen, hier liegen auch die »Wochenstuben« aus bis zu 100 Weibchen mit ihren frisch geborenen Jungen. **Wissenswertes** Bis zu 1000 Tiere halten gemeinsam Winterschlaf in Baumhöhlen, hohen Dachstühlen oder Felshöhlen.

Eichhörnchen

Sciurus vulgaris (oben)

> lebt auf Bäumen
> baut Kugelnester
> oft futterzahm

Merkmale Bis zu 25 cm groß mit fast ebenso langem, buschigem Schwanz. Fell im Sommer leuchtend rostrot, im Winter dunkler. **Vorkommen** In Gärten, Parks und Wäldern mit altem Baumbestand. **Lebensweise** Lebt auf Bäumen, klettert und springt gut. Baut kugelförmige Reisignester (Kobel) in Astgabeln und Baumkronen. Bringt hier die Jungen zur Welt. Frisst Nüsse und andere Baumsamen, legt Wintervorräte an. **Wissenswertes** In der ersten Jahreshälfte sieht man häufig wilde Hetzjagden: Es sind paarungsbereite Männchen, die hinter Weibchen herjagen.

Siebenschläfer

Glis glis (Mitte)

> nächtlicher Poltergeist
> hält Winterschlaf-Rekord
> oft in Wochenendhäusern

Merkmale In Größe und Aussehen wie eine Mischung aus Eichhörnchen und Ratte. Graues Fell, buschiger Schwanz und große Augen typisch. **Vorkommen** In Mischwäldern, Gärten und Parks. **Lebensweise** Baut Nester in Baumhöhlen, Nistkästen, Schuppen und auf Dachböden. Frisst Baumfrüchte und -rinde, Obst, Insekten und Vogeleier. **Wissenswertes** Siebenschläfer bringen es in kalten Wintern tatsächlich auf sieben Monate Winterschlaf: Im September/Oktober verkriechen sie sich in frostsichere Erdhöhlen, um erst wieder im Mai/Juni aufzuwachen.

Hausmaus

Mus musculus (unten links)

> graue Maus
> gern in Häusern
> viele Kinder

Merkmale 7–10 cm groß, grau mit ebenso langem, nacktem Schwanz. Augen und Ohren groß. **Vorkommen** An Feldrändern und Hecken, meist aber in Scheunen, Vorratslagern und Häusern. **Lebensweise** Im Sommer oft »frei« lebend, im Winter in Gebäuden. Versteckt sich tagsüber in Hohlräumen und kommt erst nachts hervor. Nagt alles an, was auch nur den geringsten Nährwert hat. Wirft bis zu achtmal im Jahr drei bis acht Junge. **Wissenswertes** Die Hausmaus ist die Stammform aller gezüchteten Labormäuse.

Steinmarder

Martes foina (unten rechts)

> »Automarder«
> nächtlicher Jäger
> Poltergeist

Merkmale Etwa katzengroß, langer Körper, kurze Beine. Vom ähnlichen, aber viel scheueren Baummarder durch weiße (nicht gelbe) Kehle unterschieden. **Vorkommen** Als Kulturfolger fast überall: In Wäldern, Ackerlandschaften, Dörfern und Städten. **Lebensweise** Frisst Mäuse, Vögel und deren Eier, Insekten, Regenwürmer und Früchte. **Wissenswertes** Bewohnt gern Dachböden, wo er nachts herumpoltert und Isoliermaterial annagt. Berüchtigt auch als »Automarder«, der Bremsschläuche und Kabel zerbeißt.

Lebensraum Gewässer

Stille Seen, idyllische Teiche, reißende Flüsse und plätschernde Bäche – jedes Gewässer beherbergt ganz bestimmte Pflanzen und Tiere. Einige leben auf der Wasseroberfläche wie Seerosen und Wasserläufer, andere halten sich an den Ufern auf wie Listspinnen oder Rohrsänger, und über dem Wasser jagen schillernde Libellen. Eher verborgen vor unseren Augen leben zahlreiche Tiere im Wasser selbst. Ausgerüstet mit etwas Geduld, einem kleinen Küchensieb und einem leeren Joghurtbecher zum kurzfristigen Anschauen der Tiere, können Sie auch diese hervorragend kennen lernen!

Weiße Seerose

Nymphaea alba (oben)

> weiße, sternförmige Blüten
> öffnet sich im Sonnenlicht
> viele Zuchtformen

Merkmale Seerosengewächse (*Nymphaeaceae*). 0,5–3 m lang, Blüten und Blätter schwimmen auf dem Wasser. Blüten weiß, sternförmig, bis zu 15 cm groß und duftend. Blätter groß, rund bis herzförmig. Blütezeit Mai bis September. **Vorkommen** In relativ warmen, nährstoffreichen Gewässern, die nicht tiefer als 3 m sind. **Wissenswertes** Die Blüten öffnen sich etwa um 7 Uhr und schließen sich gegen 16 Uhr. Für Gartenteiche sind zahlreiche Zuchtformen erhältlich, leider selten unsere heimische, die auch härteste Winter übersteht.

Gelbe Teichrose, Mummel

Nuphar lutea (Mitte)

> dottergelbe Blütenkugeln
> flaschenförmige Früchte
> auch in Fließgewässern

Merkmale Seerosengewächse (*Nymphaeaceae*). 0,5–2,5 m lang, Blätter auf dem Wasser, Blüten auf Stängeln über dem Wasser. Blüten kugelförmig, etwa 4 cm, Blätter eiförmig, bis 30 cm lang. Blütezeit Juni bis September. **Vorkommen** In stehenden und langsam fließenden Gewässern mit schlammigem Grund. **Wissenswertes** Die duftenden, gelben Blüten locken Käfer und Schwebfliegen zur Bestäubung an. Die Früchte gleichen kleinen, grünen Flaschen, schwimmen auf dem Wasser.

Wasser-Hahnenfuß

Ranunculus aquatilis (unten links)

> weißer Schleier im Teich
> flutet auf dem Wasser
> nichts für kleine Gartenteiche

Merkmale Hahnenfußgewächse (*Ranunculaceae*). Flutet mit bis zu 2 m langen Stängeln auf dem Wasser. Blüten 1–2 cm groß, weiß mit gelbem Grund, auf Stielen aus dem Wasser herausragend. Schwimmende Blätter herzförmig und dreifach gespalten, untergetauchte Blätter fadenförmig. Blütezeit Mai bis August. **Vorkommen** In nährstoffreichen, bis zu 2 m tiefen Teichen. **Wissenswertes** Über vielen Teichen liegt im Sommer ein zarter, weißer Schleier aus seinen Blüten. Da die Pflanze stark wuchert, ist sie für kleinere Gartenteiche nicht zu empfehlen.

Sumpfdotterblume

Caltha palustris (unten rechts)

> dottergelbe Blüten am Ufer
> lockt Bienen und Fliegen
> blüht schon im März

Merkmale Hahnenfußgewächse (*Ranunculaceae*). 20–60 cm hoch mit auffallend glänzenden Blüten und Blättern. Blüten dottergelb (Name!), 2–4 cm groß, Blätter herzförmig. Blütezeit März bis Mai. **Vorkommen** An Ufern, auf sumpfigen Wiesen, in Gräben und Auwäldern. **Wissenswertes** Eine der auffälligsten Pflanzen, die schon früh im Jahr blüht. Wichtige Bienenweide. Die Samen schwimmen und bilden, wo sie an feuchten Ufern stranden, schnell neue Bestände aus.

Echtes Mädesüß

Filipendula ulmaria (oben links)

> alte Heilpflanze
> duftet intensiv
> gibt dem Met die Süße

Merkmale Rosengewächse (*Rosaceae*). Stattliche, bis 2 m hohe Staude mit kantigem Stängel. Blüten cremefarben, knapp 1 cm groß, in dichten Knäulen am Stängelende, duften süß nach Mandeln. Blätter mehrfach gefiedert und fein gezähnt. Blütezeit Juni bis August. **Vorkommen** Auf feuchten bis nassen Böden, häufig auf ungenutzten Feuchtwiesen, an Ufern und Gräben. **Wissenswertes** Früher setzte man dem Met (Honigwein) bzw. dem Bier die Blüten als Aromatikum zu. Altes Heilmittel gegen fiebrige Erkrankungen. Die im Mädesüß enthaltene »Spirsäure« stand Pate bei der Herstellung des Aspirins.

Blut-Weiderich

Lythrum salicaria (oben rechts)

> lilafarbene Blütenkerzen
> Blätter weidenähnlich
> lockt Schmetterlinge

Merkmale Weiderichgewächse (*Lythraceae*). 0,5–2 m hoch mit auffälligen, pink- bis lilafarbenen Blütentrauben am Stängelende. Einzelblüte 1–3 cm groß, Blätter lanzettlich. Blütezeit Juni bis September. **Vorkommen** Auf nassen Wiesen, an Ufern und Gräben. **Wissenswertes** Der Name leitet sich von den weidenähnlichen Blättern her (*salicarius* = weidenähnlich) und vom Gebrauch der Pflanze als blutstillendes Mittel (griech. *lythron* = Blut). Zitronenfalter saugen an ihr Nektar.

Fieberklee

Menyanthes trifoliata (Mitte)

> Blüten mit Bärten
> Blätter kleeartig
> selten und geschützt

Merkmale Fieberkleegewächse (*Menyanthaceae*). 15–30 cm hoch mit dreigeteilten, kleeartigen Blättern (Name!), die aber viel größer sind als beim Wiesen-Klee. Blüten in dichten Trauben, weiß bis zartrosa mit weißen Bärten. Blütezeit Mai bis Juli. **Vorkommen** An Ufern von Teichen, in Mooren und auf Feuchtwiesen. Empfindlich gegen Überdüngung und daher selten geworden und streng geschützt. **Wissenswertes** Seine Blätter enthalten den Bitterstoff Loganin (»Bitterklee«), er wird Magenbittern zugesetzt. Früher bereitete man aus den Blättern fiebersenkende Tees (Name!).

Wasserminze

Mentha aquatica (unten)

> riecht nach Pfefferminze
> liefert bekömmlichen Tee
> bildet Ausläufer

Merkmale Lippenblütengewächse (*Lamiaceae*). 20–80 cm hoch mit runden, rosa, lila oder weißen Blütenköpfen. Blätter am Rand gesägt, duften nach Pfefferminze. Blütezeit Juli bis Oktober. **Vorkommen** Bildet durch lange Ausläufer dichte Bestände an Ufern und auf nassen Wiesen. **Wissenswertes** Aus der Kreuzung mit der Grünen Minze (*M. spicata*) entstand 1696 in einem englischen Arzneigarten die Pfefferminze. Auch die Blätter der Wasserminze eignen sich für Tees. Nektarpflanze für Schmetterlinge.

Wasserdost

Eupatorium cannabinum (oben)

> **› Magnet für Schmetterlinge**
> **› rosafarbene Blütenschirme**
> **› Blätter wie Hanf**

Merkmale Korbblütlergewächse (*Asteraceae*). Bis 1,5 m hohe Wildstaude mit rotem Stängel, rosafarbenen Blütenschirmen und hanfartig geteilten Blättern (*cannabis* = Hanf). Blütezeit Juli bis September. **Vorkommen** Häufig an Ufern und Gräben, auch im Halbschatten lichter Wälder. **Wissenswertes** Die Blüten des Wasserdostes sind für etliche Insekten außerordentlich attraktiv. Sie duften süß und bieten mit ihren breiten Blütenschirmen gute Landemöglichkeiten. Fast immer tummeln sich hier Hummeln, Bienen, Schwebfliegen und bunte Schmetterlinge. Mehr als 40 verschiedene Arten von Schmetterlingen saugen hier süßen Saft, darunter die prächtigen Kaisermäntel, Tagpfauenaugen, Admiräle und Distelfalter. Sie kommen übrigens nur da vor, wo auch das geeignete Raupenfutter wächst. Und das sind die wenig beliebten Brennnesseln.

Schwimmendes Laichkraut

Potamogeton natans (Mitte)

> **› Pflanzenteppiche auf dem Wasser**
> **› Kinderstube für Fische**
> **› wächst in ruhigen Buchten**

Merkmale Laichkrautgewächse (*Potamogetonaceae*). 0,5–2 m lang mit auf dem Wasser schwimmenden Blättern. Blätter derb, bis 12 cm lang, eiförmig und lang gestielt. Zahlreiche, winzige, grünliche Blüten in einer 3–8 cm langen Ähre, die aus dem Wasser herausgestreckt wird. Blütezeit Mai bis August. **Vorkommen** In Teichen und Seen mit schlammigem Grund oft zusammen mit Seerosen. **Wissenswertes** Massenbestände des Laichkrauts sind häufig die Kinderstube von Jungfischen. Bei Stürmen reißen sich oftmals dicke Büschel des Laichkrauts los und treiben dann frei im Wasser umher. Für Schwimmer können die langen Pflanzenstängel sehr unangenehm werden, weil es nicht immer einfach ist, sich aus ihnen zu befreien.

Sumpf-Schwertlilie

Iris pseudacorus (unten)

> **› giftig!**
> **› Blätter wie Schwerter**
> **› große, gelbe Blüten**

Merkmale Schwertliliengewächse (*Iridaceae*). 0,5–1,5 m hohe, dekorative und unverwechselbare Sumpfpflanze, die kräftige Horste ausbildet. Blätter schwertförmig (Name!), 1–3 cm breit und etwa so lang wie der Blütenstängel. Blüten gelb, 8–10 cm groß, die äußeren Blütenblätter dunkel geädert. Blütezeit Mai bis Juni. **Vorkommen** An sumpfigen Ufern (Name!) stehender und langsam fließender Gewässer, auch in Auwäldern. **Wissenswertes** Raffiniert ist der Aufbau ihrer Blütenblätter: Die drei großen, äußeren hängen herab und weisen mit ihrem dunklen Adernetz Insekten den Weg direkt ins Innere der Blüte. Zusammen mit den drei inneren Blütenblättern bilden sie Röhren, aus denen nur langrüsslige Insekten wie kräftige Hummeln den Nektar holen können und dabei die Blüte bestäuben.

Scheiden-Wollgras

Eriophorum vaginatum (oben)

> Blüten wie Wattebäusche
> in dichten Horsten
> Charakterpflanze der Moore

Merkmale Riedgrasgewächse (*Cyperaceae*). 10–60 cm hohes, dicht horstig wachsendes Riedgras mit wollig weißen, 2–3 cm großen Blütenköpfen. Blätter borstig, graugrün, etwas kürzer als der Stängel. Blütezeit April bis Mai. **Vorkommen** Charakterpflanze der Hochmoore. **Wissenswertes** Der Name bezieht sich auf die auffälligen Blüten (griech. *erion* = Wolle, *phorein* = tragen): Die Ähren sind von langen Härchen umgeben und verleihen ihnen ein wattebauschähnliches Aussehen.

Breitblättriger Rohrkolben

Typha latifolia (Mitte links)

> bildet »Schilfzigarren«
> oft in Trockensträußen
> Bodenfestiger an Ufern

Merkmale Rohrkolbengewächse (*Typhaceae*). Bis zu 2 m hoch mit zigarrenförmigen Blüten am Stängelende. Die dicken, tiefbraunen Kolben sind die weiblichen Blüten, darüber befinden sich in einem schmalen, helleren und lockeren Kolben die männlichen Blüten. Dieser obere Teil des Kolbens fällt später ab. Blätter 1–2 cm breit und 1–2 m lang. Blütezeit Juni bis August. **Vorkommen** Häufig im Schilfröhricht, an Ufern und in Gräben. **Wissenswertes** Oft als Erstbesiedler auf Schlammböden. Festigt mit seinem Wurzelwerk die Ufer stehender und fließender Gewässer.

Schilf

Phragmites australis (Mitte rechts)

> bis zu 4 m hoch
> festigt die Ufer
> für Reetdächer

Merkmale Süßgrasgewächse (*Poaceae*). Bis zu 4 m hohes Ufergras mit verholzendem Stängel, graugrünen Blättern und bis über 40 cm langen Blütenrispen. Blütezeit Juli bis September. **Vorkommen** An schlammigen Ufern stehender und langsam fließender Gewässer. **Wissenswertes** Als Futtergras taugt es nicht, doch die Halme werden anderweitig genutzt: Zum Bau norddeutscher Reetdächer, für Rohrmatten, Gipsdecken und vielem mehr. An den Ufern trägt es mit seinem dichten Wurzelgeflecht zur Bodenfestigung und Landgewinnung bei.

Kleine Wasserlinse

Lemna minor (unten)

> »Entengrütze«
> von Vögeln verbreitet
> bildet grüne Teppiche

Merkmale Wasserlinsengewächse (*Lemnaceae*). Besteht aus winzigen, nur 2–3 mm großen Blättchen, die auf dem Wasser schwimmen und dichte Teppiche ausbilden können. Von den Blättchen hängen dünne, fädige Wurzeln ins Wasser. Blüten winzig und unscheinbar. Blütezeit Mai bis Juni. **Vorkommen** In windgeschützten Stillgewässern. Vermehrt sich rasch in nährstoffreichem, warmem Wasser. **Wissenswertes** Wasserlinsen bleiben am Gefieder von Wasservögeln hängen und gelangen so auf neu angelegte Teiche. Sie sind nahrhafte Futterpflanzen für Enten (»Entengrütze«).

Teichmuschel, Entenmuschel

Anodonta anatina (oben)

> hält das Wasser sauber
> bis zu 10 cm groß
> unsere häufigste Großmuschel

Merkmale Mit ihrer bis zu etwa 10 cm langen Schale eine unserer größten und kräftigsten Muscheln. Schalen grünlich und eiförmig. **Vorkommen** In schlammigen und sandigen Still- und Fließgewässern. **Lebensweise** Sie lebt am Teichgrund, wo sie durch eine Art Mundöffnung Wasser einsaugt, Schwebstoffe herausfiltert und das Wasser wieder aus einer Ausströmöffnung herausprustet. So hält die Muschel das Wasser sauber und klar. **Wissenswertes** Teichmuscheln können bis zu 15 Jahre alt werden.

Posthornschnecke

Planorbarius corneus (Mitte links)

> ein Haus wie ein Posthorn
> lebt am Teichgrund
> tellerförmige Eiballen

Merkmale Unverwechselbar durch ihr derbes, bis zu 3,5 cm großes Gehäuse in Form eines Posthorns. **Vorkommen** In pflanzenreichen Teichen und langsam fließenden Gräben. **Lebensweise** Lebt vorwiegend am Teichgrund, wo sie sich von Algen, Aas und Wasserpflanzen ernährt. Ihre Eier klebt sie als 1,5–3 cm große, flache und tellerartige Gebilde an Pflanzen und Steine. Daraus schlüpfen nach etwa drei Wochen 60–70 Jungschnecken. **Wissenswertes** Den Winter verbringen Posthornschnecken in ihr Gehäuse zurückgezogen am schlammigen Teichgrund.

Spitz-Schlammschnecke

Lymnaea stagnalis (Mitte rechts)

> Haus mit langer Spitze
> hängt unter der Wasseroberfläche
> in neuen Teichen oft massenhaft

Merkmale Bräunlich, bis zu 6 cm langes, hornfarbenes, dünnschaliges Gehäuse. Auffallend sind der erste, stark aufgeblähte Umgang der Mündung sowie die lang ausgezogene Spitze (Name!). **Vorkommen** In pflanzenreichen Teichen und Tümpeln, auch in langsamen Fließgewässern. **Lebensweise** »Hängt« meist unter der Wasseroberfläche und weidet hier mit ihrer Raspelzunge organische Partikel ab, frisst auch Aas und Algenaufwüchse. **Wissenswertes** Fühlt sie sich bedroht, stößt sie ihre Atemluft aus und sinkt wie ein Stein zu Boden.

Gemeiner Wasserfloh

Daphnia pulex (unten)

> winzig
> hüpft wie ein Floh
> oft in ungeheuren Mengen

Merkmale Kein wirklicher Floh, sondern ein winziges, 1–4 mm großes Krebschen, das sich aber hüpfend wie ein Floh vorwärts bewegt. Der Körper steckt in einer durchsichtigen, zweiklappigen Schale, aus der bloß die langen, zweiästigen Antennen herausschauen. **Vorkommen** Sehr häufig in nährstoffreichen Teichen, austrocknenden Tümpeln und Seen. **Lebensweise** Ernährt sich von Bakterien und Algen. **Wissenswertes** Wasserfloh-Eier überdauern monatelanges Austrocknen und Fröste.

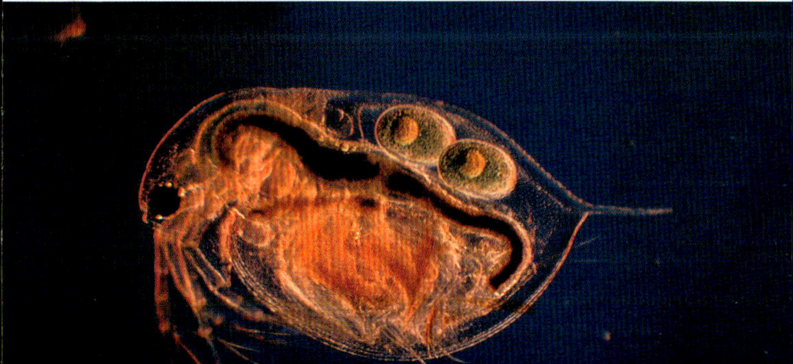

Eintagsfliege

Ephemera vulgata (oben links und rechts)

- lebt länger als einen Tag
- tanzt in Schwärmen
- verbringt Jugend im Wasser

Merkmale 2–3 cm große, fliegenähnliche Insekten mit zwei bis drei langen Fäden am Hinterleib. In Ruhe klappen sie ihre Flügel über dem Körper zusammen. Ihre Jugendstadien (Larven, links) sind ungeflügelt und leben unter Wasser. **Vorkommen** In sauberen Fließgewässern und an Seen. **Lebensweise** Das Leben der Eintagsfliegen währt keinesfalls nur einen Tag: Zunächst leben sie ein Jahr lang als noch ungeflügelte Larven unter Wasser. Eines Sommerabends kriechen sie ans Ufer, verwandeln sich zu geflügelten Eintagsfliegen und versammeln sich zu großen Schwärmen, die ihre Hochzeitstänze veranstalten. Nun haben sie wirklich nur noch wenige Stunden bis Tage zu leben. **Wissenswertes** Die ausgewachsenen Eintagsfliegen haben verkümmerte Mundwerkzeuge, die keine Nahrungsaufnahme gestatten. Ihre Aufgabe liegt ausschließlich in der Fortpflanzung.

Gebänderte Prachtlibelle

Calopteryx splendens (Mitte links und rechts)

- Männchen mit blauen Flügelbändern
- ähnelt Schmetterlingen
- an Fließgewässern

Merkmale Etwa 5 cm lange, schlanke Libelle mit etwa 7 cm Flügelspannweite. Auffällig sind die etwa 1–2 cm breiten, blauschwarzen Flügelbänder der Männchen, durch die diese Libellen an Schmetterlinge erinnern. Die Männchen (links) sind ansonsten metallisch blau, die Weibchen (rechts) metallisch grün mit insgesamt blassgrünen Flügeln. Flugzeit Mitte Mai bis Mitte September. **Vorkommen** Die Larven leben ausschließlich in fließenden Gewässern, die ausgewachsenen Libellen beobachtet man gelegentlich auch an Teichen. **Lebensweise** Das Männchen besetzt Reviere, die es gegen andere Männchen verteidigt. Es beschützt »sein« Weibchen bei der Eiablage vor aufdringlichen Mitbewerbern. **Wissenswertes** Durch Gewässerausbau und -verschmutzung gefährdete Art.

Becher-Azurjungfer

Enallagma cyathigerum (unten links und rechts)

- himmelblau mit schwarzem Becher
- beliebte Beute von Fröschen
- sticht Eier in Wasserpflanzen

Merkmale Etwa 3 cm lange, schlanke Libelle mit einer Flügelspannweite von etwa 4 cm. Männchen (links) himmelblau mit schwarzer Zeichnung, typisch ist der kleine, schwarze Fleck auf dem zweiten Hinterleibsring in Form eines gestielten Bechers (Name!). Weibchen (rechts) grünlich bis bräunlich. Flugzeit Mai bis September. **Vorkommen** Bevorzugt an größeren, stehenden Gewässern. **Lebensweise** Verbringt ihr erstes Lebensjahr als ungeflügelte Larve am Teichgrund. Die geschlüpfte, geflügelte Libelle lebt etwa 40 Tage. Die Eier werden in Wasserpflanzen eingestochen. **Wissenswertes** Es gibt weitere, sehr ähnliche Azurjungfern, deren Männchen ebenfalls blauschwarz sind. Sie unterscheiden sich durch die jeweils charakteristische Zeichnung auf dem 2. Hinterleibsring.

Blaugrüne Mosaikjungfer

Aeshna cyanea (oben links und rechts)

> Körper wie ein Mosaik
> Männchen fliegen Patrouille
> sticht nicht!

Merkmale Große und kräftige Libelle mit bis zu 7 cm Körperlänge und 11 cm Flügelspannweite. Typisch ist die mosaikartige Zeichnung auf dem Hinterleib, beim Männchen (links) ist sie blau, grün und schwarz, beim Weibchen (rechts) eher grün und braun. Flugzeit Juni bis September. **Vorkommen** An stehenden Gewässern aller Art. Fliegt oft weitab vom Gewässer. **Lebensweise** Lebt ein bis zwei Jahre als Larve im Wasser, die ausgewachsene Libelle jagt am Teichufer nach Insekten. **Wissenswertes** Ist wenig scheu. Keine Angst: Libellen stechen nicht, sind nicht giftig und beißen auch nicht!

Plattbauch-Libelle

Libellula depressa (Mitte links und rechts)

> mit plattem Bauch
> oft an Gartenteichen
> gern auf Sitzwarten

Merkmale Etwa 4 cm lang, 7–8 cm Flügelspannweite. Auffallend breiter, flacher Hinterleib (Name!). Beim Männchen (links) ist er blau bereift, beim Weibchen (rechts) ockergelb. Flugzeit Mai bis August. **Vorkommen** Oft an Gartenteichen. **Lebensweise** Sonnt sich gern auf Sitzwarten am Wasser, z. B. auf trockenen Zweigen. Wirft die Eier mit wippenden Bewegungen ins Wasser. Die Larven leben zwei Jahre im Wasser. **Wissenswertes** An der Flügelbasis große, dunkelbraune Flecken.

Gemeiner Wasserläufer

Gerris lacustris (unten links)

> räubert auf dem Wasser
> überwintert an Land
> erstes Wasserinsekt im Jahr

Merkmale Etwa 1 cm lange Wasserwanze mit sehr langen, dünnen Beinen. **Vorkommen** An stehenden und langsam fließenden Gewässern. **Lebensweise** Verbringt fast sein ganzes Leben auf dem Wasserspiegel. Räubert hier aufs Wasser gefallene Insekten oder solche, die zum Luftholen auftauchen. Zur Paarung trägt das Weibchen das Männchen oft tagelang huckepack. Die Eier entwickeln sich im Wasser, hier leben auch die Larven. **Wissenswertes** Überwintert steif gefroren an Land unter Laub oder Moos. Erscheint als erstes Insekt ab März auf dem Wasser.

Wasserskorpion

Nepa rubra (unten rechts)

> Vorsicht, sticht!
> skorpionähnliche Fangarme
> mit Schnorchel am Hinterleib

Merkmale Etwa 2 cm große, breite und flache Wasserwanze mit großen, skorpionähnlichen Fangarmen (Name!) und 1 cm langem Atemrohr am Hinterleib. **Vorkommen** In flachen Kleingewässern. **Lebensweise** Lauerjäger zwischen Wasserpflanzen. Packt schwimmende Insekten, Kaulquappen und Jungfische mit seinen Fangarmen, sticht sie mit dem Rüssel an und saugt sie aus. **Wissenswertes** Sticht nicht mit dem »Stachel« am Hinterleib (Schnorchel), sondern mit dem am Bauch versteckten Rüssel!

Köcherfliege

Lymnephilus spec. (oben links und rechts)

> baut Köcher
> behaarte Flügel
> dämmerungs- und nachtaktiv

Merkmale Etwa 3–4 cm lange, etwas schmetterlingsähnliche Insekten mit behaarten Flügeln, die aber in Ruhe dachförmig zusammengeklappt werden. Ihre Jugend verbringen sie als Larven im Wasser. Die Larven (links) sind kaum je sichtbar, weil nur ihr Kopf und ihre Vorderbeine aus merkwürdigen, 3–3,5 cm langen, köcherähnlichen Gebilden herausschauen. **Vorkommen** In Still- und Fließgewässern. **Lebensweise** Die Larven leben von organischen Abfallstoffen am Gewässergrund. Die geschlüpften Köcherfliegen verlassen das Gewässer und kommen erst im Herbst zur Eiablage zurück. **Wissenswertes** Namengebend für die Köcherfliegen sind die Köcher, in denen ihre Larven leben. Sie bestehen aus verschiedenen Materialien wie Schneckenhäusern, Blättern, Steinen oder Holzstückchen und werden mit Speichel zusammengeklebt.

Gelbrandkäfer

Dytiscus marginalis (Mitte links und rechts)

> gelb umrandet
> fliegt gut
> lebt im Wasser

Merkmale 3–3,5 cm großer, schwärzlicher Schwimmkäfer mit auffälligen, gelben Rändern an Flügeln und Hals. Die ebenfalls wasserlebende Larve (links) wird bis zu 6 cm lang. **Vorkommen** Häufig in Stillgewässern. **Lebensweise** Lauerjäger, der unter Wasser alles erbeutet, was nicht zu groß oder zu schnell ist. Zu seiner Beute zählen andere Insektenlarven, Wasserschnecken, Würmer, Kaulquappen und Jungfische. Zum Luftschöpfen sieht man den Käfer oft mit dem Hinterleib an der Wasseroberfläche hängen (am Hinterleib befinden sich die Atemöffnungen). Zur Paarung trägt das Weibchen das Männchen tagelang huckepack, seine Eier sticht es in Wasserpflanzen ein. Die Larve ist ebenfalls ein gefräßiger Räuber im Teich. **Wissenswertes** Droht ein Tümpel auszutrocknen, fliegen Gelbrandkäfer kurzerhand zum nächsten Gewässer.

Stechmücke

Aedes spec. (unten links und rechts)

> nur die Weibchen stechen
> Männchen mit gefiederten Antennen
> vermehrt sich in Regentonnen

Merkmale Etwa 1 cm große Insekten mit langem, herausragendem Rüssel. Männchen mit auffällig gefiederten Antennen. **Vorkommen** Überall sehr häufig, vermehrt sich in kleinsten Gewässern, sogar in Regentonnen. **Lebensweise** Die Weibchen saugen Blut, sie benötigen die Kraftmahlzeit zur Entwicklung ihrer Eier. Die Männchen sieht man häufig in großen Schwärmen über Uferwiesen auf- und niedertanzen. Fliegt ein Weibchen in den Schwarm, wird es sofort von einem Männchen ergriffen. Die Paarung dauert nur wenige Sekunden. Die Eier legt sie als »Mückenschiffchen« aufs Wasser. Die Larven (links) leben im Wasser, sie hängen mit ihren Atemrohren an der Wasseroberfläche und erbeuten Mikroorganismen. **Wissenswertes** In Gartenteichen mit natürlichen Feinden der Mücken kommt es selten zu Mückenplagen.

Aal

Anguilla anguilla (ganz oben)

> schlangenförmig
> durchquert den Atlantik
> versteckt sich tagsüber

Merkmale Schlangenförmig, Weibchen bis 1,3 m, Männchen maximal 40 cm. **Vorkommen** In Flüssen und Stillgewässern, die ins Meer münden. **Lebensweise** Nachtaktiv, sucht am Gewässergrund nach Muscheln, Krebsen, Würmern und Fischen. **Wissenswertes** Aale sind Wanderfische: Sie ziehen flussabwärts ins Meer und legen schließlich in der Sargassosee im Westatlantik ihre Eier ab. Die Jungaale wandern in drei Jahren mit dem Golfstrom zu europäischen Küsten und zurück in unsere Flüsse.

Bachforelle

Salmo trutta f. *fario* (Mitte oben)

> rot gepunktet
> in klaren Bächen
> heute stark gefährdet

Merkmale Silbriger, torpedoförmiger, meist bis zu 30 cm langer Fisch. Rücken mit schwarzen, Seiten mit roten Punkten. **Vorkommen** In schnell fließenden, sauerstoffreichen Bächen mit Kiesgrund. **Lebensweise** Verteidigt feste Reviere unter überhängenden Steinen oder Wurzeln. Erbeutet Kleinkrebse, Insekten und kleine Fische. Legt Eier in Gruben am Kiesgrund. **Wissenswertes** Als ökologisch hochspezialisierte Fischart ist die Bachforelle heute durch Gewässerverbau und -verschmutzung in ihrem Bestand gefährdet.

Hecht

Esox lucius (Mitte unten)

> Schnauze wie Entenschnabel
> gefräßiger Raubfisch
> versteckt sich am Ufer

Merkmale Lang gestreckt, bis zu 1,5 m lang, breites, entenschnabelartiges Maul. **Vorkommen** In stehenden und langsam fließenden Gewässern mit pflanzenreichem Ufersaum. **Lebensweise** Lauert im ufernahen Pflanzendickicht anderen Fischen, aber auch Fröschen und jungen Wasservögeln auf; schießt blitzschnell aus der Deckung. Hat das Maul eine Beute gefasst, gibt es kein Entrinnen: Rückwärts gerichtete Zähne verhindern ein Herausrutschen selbst glitschiger Fische. **Wissenswertes** Hechte sind (trotz ihrer vielen Gräten) hervorragende Speisefische.

Flussbarsch

Perca fluviatilis (ganz unten)

> stachelige Rückenflossen
> besiedelt selbst Teiche
> lange, klebrige Laichschnüre

Merkmale Meist 25–35 cm großer, seitlich abgeflachter, gestreifter Fisch mit stacheligen Rückenflossen. **Vorkommen** Fast in jedem stehenden und fließenden Gewässer. **Lebensweise** Einzelgänger im offenen Wasser, erbeutet hier kleinere Fische. Jungbarsche bilden Schwärme in Ufernähe, hier fressen sie Insektenlarven und Kleinkrebse. **Wissenswertes** Legt Eier in bis zu 1 m langen, gallertigen Bändern (»Laichschnüre«) ab. Durch ihre klebrigen Eier, die am Gefieder von Wasservögeln haften bleiben, besiedeln Flussbarsche schnell neue Gewässer.

Karpfen

Cyprinus carpio (oben)

- begehrte »Fastenspeise«
- viele Zuchtformen
- bei uns eingebürgert

Merkmale Die Wildform des Karpfens wird 30–70 cm lang (max. 1,20 m) und trägt sehr große Schuppen. Zuchtformen oft mit sehr hohem Rücken und ohne Schuppen. Typisch für Karpfen sind ihre zwei Bartfäden am Kinn und das ausstülpbare Maul. **Vorkommen** Ursprünglich in wärmeren Regionen am Schwarzen und Kaspischen Meer beheimatet, bei uns in vielen Teichen und Flüssen ausgesetzt (meist Zuchtformen). **Lebensweise** Durchwühlt den Gewässergrund mit dem rüsselartigen Maul nach bodenlebenden Kleintieren wie Insektenlarven. **Wissenswertes** Karpfen werden seit dem Mittelalter in künstlichen, flachen und warmen Klosterteichen gezüchtet; denn während der fleischlosen Fastentage galt der Verzehr der schuppentragenden Tiere als erlaubt.

Rotfeder

Scardinius erythrophthalmus (Mitte)

- rote Flossen
- frisst Wasserpflanzen
- hält Teiche algenfrei

Merkmale 20–30 cm großer, silbrig glänzender und seitlich zusammengedrückter Fisch mit roten Bauch- und Afterflossen. **Vorkommen** In ruhigen, meist flachen und pflanzenreichen Seen und in flachen Buchten größerer Flüsse. **Lebensweise** Durchstreift in kleinen Gruppen die Ufervegetation und frisst dabei Algen, Laichkraut sowie andere Wasserpflanzen. Darauf lebende Kleintiere wie Krebse, Insektenlarven und Würmer werden mitverspeist. Wird im Sommer der Sauerstoff im Wasser knapp, sieht man Rotfedern oft in Gruppen dicht unterhalb der Wasseroberfläche stehen, wo sie den Sauerstoff der allerobersten Wasserschicht atmen. **Wissenswertes** Rotfedern sind gut geeignet, um auch kleinere Teiche von lästigen Algen und Wasserlinsen zu befreien.

Dreistachliger Stichling

Gasterosteus aculeatus (unten)

- mit drei Rückenstacheln
- tanzt am Grund
- trägt ein buntes Hochzeitskleid

Merkmale Schlanker, bis zu 9 cm langer Fisch mit drei (bis fünf) Rückenstacheln, die er bei Bedrohung aufrichtet. Männchen im Frühjahr bunt gefärbt mit blaugrünem Rücken und rotem Bauch. **Vorkommen** In pflanzenreichen Teichen, Seen und Flüssen. **Lebensweise** Außerhalb der Paarungszeit in lockeren Schwärmen. Frisst Kleintiere wie Kleinkrebse, Insektenlarven und Würmer, räubert aber auch Laich und Jungfische. Zur Paarungszeit zwischen März und Juni färbt sich das Männchen prächtig bunt, baut aus Pflanzenmaterial ein Nest und lockt mit Zickzacktänzen Weibchen dorthin. **Wissenswertes** Der Stichling-Vater betreibt aufwändige Brutfürsorge: Er fächelt den Eiern frisches Wasser zu und bewacht die geschlüpften Jungfische. Wegen ihrer komplexen Verhaltensweisen zählen Stichlinge zu beliebten Anschauungsobjekten im Schulunterricht.

Feuersalamander

Salamandra salamandra (oben)

> lebt an Land
> Hautgifte
> unverwechselbar gelbschwarz

Merkmale Bis zu 20 cm langer, plumper Salamander mit gelbschwarzer Fleckenzeichnung. **Vorkommen** In feuchten Laubwäldern mit klaren Bächen oder Rinnsalen. **Lebensweise** Versteckt sich tagsüber unter Baumwurzeln, Falllaub oder in Felsspalten. Jagt in der Dämmerung Insekten, Schnecken, Asseln und Würmer. Legt keine Eier ab, sondern die Jungtiere entwickeln sich im Mutterleib, bis sie etwa 3,5 cm lang sind. Diese Larven werden in kühle, sauerstoffreiche Gewässer abgelegt. Nach vier Monaten sind sie ausgewachsen und gehen an Land. Den Winter verbringen Feuersalamander in frostfreien Verstecken unter Baumwurzeln oder in Felsspalten. **Wissenswertes** Nach Kontakt unbedingt Hände waschen. Die Haut enthält Gifte, die brennen, wenn sie in die Augen gelangen!

Teichmolch

Triturus vulgaris (Mitte links (Larve) und rechts)

> lebt im Wasser
> trägt buntes Hochzeitskleid
> verpackt seine Eier einzeln

Merkmale Bis zu 11 cm langer Molch, Männchen bräunlich mit dunklen Flecken und gestreiftem Kopf, im Hochzeitskleid mit gewelltem Rückenkamm und orange-blau gefärbtem Schwanz, Weibchen schlicht lehmfarben. **Vorkommen** Von März bis Oktober in kleinen, vegetationsreichen Teichen, im Winter an Land unter Steinen, Moos oder Holz. **Lebensweise** Die Tiere paaren sich ab März nach Verlassen der Winterquartiere im Wasser. Das Männchen trägt dann die auffällige Hochzeitstracht. Das Weibchen wickelt jedes seiner 200–300 Eier einzeln in Wasserblätter ein! Bleiben bis zum Herbst im Wasser, erbeuten als behände Schwimmer Wasserflöhe und die Larven von Mücken und anderen Insekten. Ab Oktober wieder in Verstecken an Land. **Wissenswertes** Molche sind wasserlebende Verwandte der Salamander.

Erdkröte

Bufo bufo (unten links (Kaulquappe) und rechts)

> unsere häufigste Kröte
> warzige Haut
> Krötenwanderungen

Merkmale Bis zu 15 cm große, bräunliche Kröte. Typisch sind ihre kupferfarbenen Augen mit waagerecht gestellten Pupillen. **Vorkommen** Im Winter in feuchten Verstecken an Land, im Frühjahr zur Eiablage an praktisch jedem Kleingewässer, im Sommer und Herbst an Land in fast jedem Lebensraum. **Lebensweise** Versteckt sich tagsüber in Höhlen, im Wurzelbereich der Bäume, unter Holzhaufen und Steinen. Geht nachts auf Jagd nach Käfern, Spinnen, Fliegen und Tausendfüßern. Legt meterlange Schnüre mit Tausenden von Eiern ins Wasser. **Wissenswertes** Ab März sieht man oft ganze Heerscharen von Erdkröten zu ihren Fortpflanzungsgewässern wandern. Die kleineren Männchen oft huckepack auf den Weibchen sitzend. Führen die traditionellen Wanderwege der Erdkröten über (neue) Straßen, endet für viele Tiere dieser Ausflug tödlich.

Laubfrosch

Hyla arborea (oben links)

- Kletterfrosch (kein Wetterfrosch)
- grasgrün
- laute Männerchöre

Merkmale 3–4 cm großer, grasgrüner Frosch. **Vorkommen** In Wäldern, Wiesen und Gebüschen, im Frühjahr an sauberen, sonnigen Gewässern. **Lebensweise** Sitzt meist auf Büschen und Bäumen. Hier fängt er Insekten und Spinnen. Bei schlechtem Wetter, wenn keine Insekten fliegen, sucht er eher am Boden nach Nahrung. **Wissenswertes** Weil er bei schönem Wetter oben sitzt, bei schlechtem eher unten, gilt er fälschlicherweise als Wetterfrosch.

Teichfrosch

Rana lessonae (oben rechts)

- Grünfrosch
- mit zwei Schallblasen
- quakt den ganzen Sommer

Merkmale Meist 4–5 cm lang, grünlich, Männchen mit zwei weißlichen, ausstülpbaren Schallblasen hinter den Mundwinkeln. **Vorkommen** An pflanzenreichen Teichen und Gräben und an größeren Seen. **Lebensweise** Überwintert in Erdhöhlen oder anderen frostfreien Verstecken, kommt zur Paarungszeit im April an Gewässer. Bleibt nach der Eiablage im Wasser, von wo das Quaken der Männchen den ganzen Sommer zu hören ist. **Wissenswertes** Oft in Massen an den Ufern kleiner, pflanzenreicher Teiche.

Grasfrosch

Rana temporaria (Mitte links und rechts (Kaulquappe))

- Braunfrosch
- hat keine Schallblasen
- meist einzeln an Land

Merkmale Meist 7–9 cm großer, bräunlicher Frosch mit kräftigen, langen Hinterbeinen. **Vorkommen** In feuchten Niederungen, Hecken, Parks und Gärten. **Lebensweise** Lebt außerhalb der Fortpflanzungszeit an Land, wo er sich tagsüber in feuchten Verstecken aufhält. Streift in der Dämmerung und nachts umher, erbeutet Insekten, Spinnen, Asseln und Würmer. Grasfrösche überwintern meist in Gewässern, die mindestens 50 cm tief sind. **Wissenswertes** Bereits an den ersten milden Frühlingstagen paaren sie sich an sonnenbeschienenen Ecken von Kleingewässern.

Ringelnatter

Natrix natrix (unten)

- Halbmonde am Hinterkopf
- harmlos und ungiftig
- schwimmt und taucht gut

Merkmale Bis zu 1 m lange, graugrüne Schlange mit zwei hellen halbmondförmigen Flecken am Hinterkopf. **Vorkommen** Unsere häufigste Schlange. Im Uferbereich von Teichen, Bächen und Flüssen, aber auch auf Wiesen und in Gärten. **Lebensweise** Sonnt sich vormittags, bis ihr Körper warm genug ist, um Frösche, Kröten und Molche zu erbeuten. Schwimmt und taucht gut, erbeutet auch kleine Fische. Überwintert an frostfreien Plätzen in der Erde, unter Laub oder in Baumstubben. **Wissenswertes** Harmlos und scheu, flüchtet bei Annäherung ins Wasser.

Haubentaucher

Podiceps cristatus (oben links)

- › balzt mit roten Backen
- › führt »Pinguintänze« auf
- › flüchtet durch Wegtauchen

Merkmale Stockentengroß, langer Hals, spitzer Schnabel, zur Brutzeit mit rostrotem Backenbart und Federhaube (Name!). **Vorkommen** Gewässerreiche Landschaften. **Lebensweise** Taucht nach kleinen Fischen, Insekten und Krebsen. Nest in Schilf oder Binsen. **Wissenswertes** Von Winter bis Frühsommer zeigen die Partner perfekt synchronisierte Balztänze auf dem Wasser. Einer ist der Pinguintanz, bei dem sie sich fast senkrecht aus dem Wasser heben und Brust an Brust gegenüberstehen.

Kormoran

Phalacrocorax carbo (oben rechts)

- › ernährt sich von Fischen
- › brütet in Kolonien
- › trocknet häufig sein Gefieder

Merkmale Etwa gänsegroß, schwarz mit langem Hals. **Vorkommen** An Flüssen, Seen und Küsten. **Lebensweise** Brütet in Kolonien an küstennahen Binnengewässern. Seine Hauptbeute sind Fische von 10–20 cm Länge. Der rege Appetit (Tagesbedarf gut 500 Gramm Fisch pro Vogel) macht ihn unbeliebt bei Fischern. **Wissenswertes** Das Gefieder ist nicht wasserabweisend und muss nach jedem Tauchgang getrocknet werden. Dazu sitzt er mit ausgebreiteten Flügeln auf Pfählen und Felsen.

Graureiher

Ardea cinerea (Mitte)

- › S-förmig gekrümmter Hals
- › laute Kolonien in Bäumen
- › lauert reglos

Merkmale Knapp storchengroß, grau mit langen Beinen und langem, gelbem Schnabel. Typisches Flugbild mit dem S-förmig gekrümmtem Hals (im Unterschied zu Storch und Kranich). **Vorkommen** Zur Nahrungssuche an Gewässern aller Art, auch auf Wiesen und Feldern. **Lebensweise** Frisst hauptsächlich Fische und Frösche, aber auch Insekten und Mäuse. Brütet in Kolonien hoch in Bäumen. **Wissenswertes** Steht zur Nahrungssuche oft völlig reglos (dann schwierig zu entdecken), um plötzlich blitzschnell mit seinem dolchartigen Schnabel einen Fisch aufzuspießen.

Kranich

Grus grus (unten links und rechts)

- › trompetet lauthals
- › bildet Keil-Formationen
- › im Herbst in großen Gruppen

Merkmale Größer als Storch, Beine und Hals lang. Beide Geschlechter grau mit schwarz-weiß-roten Köpfen. **Vorkommen** Brutvogel nur in ungestörten Mooren und feuchten Wäldern. **Lebensweise** Zur Nahrungssuche auf Feldern und Wiesen. Frisst Getreide und Früchte, Insekten, Regenwürmer und Mäuse. Bodennest auf kleinen Inseln in sehr feuchtem Gelände, auch auf Schwingrasen. **Wissenswertes** Spektakulär sind die Kranichschwärme zur Zugzeit: An der Ostsee auf dem Darß und der Insel Rügen ziehen Tausende der Vögel Besucherscharen an.

Höckerschwan

Cygnus olor (oben)

> die meisten sind halbwild
> singende Fluggeräusche
> im Winter an Futterplätzen

Merkmale Größer als eine Gans, schneeweiß mit elegant S-förmig gebogenem Hals und rotem Schnabel. Jungvögel sind graubraun gefärbt. **Vorkommen** Unsere Höckerschwäne stammen fast ausschließlich von ausgesetzten oder entkommenen Tieren ab und sind halbwild oder verwildert. Verbreitet auf Seen, Flüssen und Parkteichen, zuweilen auch am Meer. Oft in direkter Nähe des Menschen. **Lebensweise** Baut aus Schilf und Blättern ein riesiges, bis zu 2 m großes Nest. Die Küken dürfen zunächst bei der Mutter auf dem Rücken mitschwimmen. Als Nahrung dienen Wasser- und Uferpflanzen. **Wissenswertes** Schwäne sind mit 8–12 kg echte Schwergewichte und zählen zu den schwersten, noch flugfähigen Vögeln. Gegen vorwitzige Schwimmer wissen sich die Vögel durchaus zu wehren!

Graugans

Anser anser (Mitte)

> »Gans des Nils Holgersson«
> Stammmutter der Hausgans
> immer in Gesellschaft

Merkmale Etwa so groß wie eine Hausgans, hell bräunlichgrau mit blassorangenem Schnabel. Gänsescharen fliegen oft in V-Formationen. **Vorkommen** Häufiger Brutvogel an schilfbestandenen Seen. **Lebensweise** Die Bodennester mehrerer Paare liegen oft in lockeren Kolonien beieinander. Die Tiere suchen oft weit vom Brutgewässer entfernt nach Nahrung, z.B. auf Wiesen und Viehweiden. Fressen Gräser und Kräuter, auch Wurzeln und Sämereien. Auch außerhalb der Brutzeit sind Graugänse gesellig. Große Scharen setzen sich aus mehreren Familien zusammen, die bis zum nächsten Frühjahr zusammenbleiben. **Wissenswertes** Der Nobelpreisträger Konrad Lorenz hat die Graugans mit seinen Verhaltensforschungen berühmt gemacht.

Gänsesäger

Mergus merganser (unten links und rechts)

> brütet in Baumhöhlen
> Sägeschnabel zum Fischfang
> taucht viel

Merkmale Größer als eine Stockente. Mit ihren schneeweißen Körpern sind die Männchen (links) auf offenen Wasserflächen unübersehbar. Die Weibchen (rechts) sind schlichter grau gefärbt. Typisch ist der Schnabel mit vielen spitzen Sägezähnchen und Haken an der Spitze. **Vorkommen** An klaren Flüssen, Seen und Küsten mit vielen Fischen. Braucht zum Brüten Baumhöhlen, nimmt aber auch Nistkästen an. **Lebensweise** Frisst hauptsächlich Fische, die er mit seinem Sägeschnabel gut festhalten kann. **Wissenswertes** Gerade einen Tag alt, verlassen die Küken ihre Bruthöhle. Dazu müssen sie sich oft aus beträchtlichen Höhen fallen lassen. Für eine gewisse Fallschirmwirkung sorgen dabei ihre Schwimmhäute an den Füßen, relativ gut entwickelte Flügelstummel und der breit gefächerte Schwanz. Dann geht es ohne Umschweife zur ersten Schwimmstunde ins Wasser.

Stockente

Anas platyrhynchos (oben links und rechts)

> »»Köpfchen unters Wasser ...«
> häufig an Winterfütterungen
> Stammmutter der Hausente

Merkmale Männchen (links) im Brutkleid mit flaschengrünem Kopf und schokoladenbrauner Brust, sonst braungrau. Weibchen (rechts) schlicht bräunlich. **Vorkommen** Unsere häufigste Ente, an stehenden und langsam fließenden Gewässern, auch halbzahme Vögel in Parks. **Lebensweise** Stockenten sind Vertreter der »Köpfchen unters Wasser«-Enten, auch »Gründelenten« genannt. Das heißt, sie suchen im Gegensatz zu den Tauchenten ihre Nahrung in seichten Gewässern bis zu 50 cm Tiefe, indem sie einfach den Kopf unter Wasser halten und so Fressbares herausholen. Das sind Ufer- und Unterwasserpflanzen, Wurzeln, Insekten und Krebse. Nester meist am Boden, oft nah am Wasser. **Wissenswertes** Wenn sich Stockenten mit Hausenten paaren, schlüpfen häufig gescheckte Mischlinge aus den Eiern.

Reiherente

Aythya fuligula (Mitte links und rechts)

> ist eine typische Tauchente
> brütet spät im Jahr
> gern an Futterplätzen

Merkmale Kleiner als eine Stockente. Männchen (links) im Brutkleid schwarz mit leuchtend weißen Seiten und Federtolle auf dem Kopf. Das Weibchen (rechts) ist schlicht braun mit etwas helleren braunen Seiten. **Vorkommen** Zählt neben der Stockente zu unseren häufigsten Brutvögeln auf Binnengewässern, auch Stauseen, und an der Ostsee. **Lebensweise** Im Gegensatz zur gründelnden Stockente sind Reiherenten typische Tauchenten. Sie tauchen mehrere Meter tief nach Muscheln, Schnecken und Insektenlarven. Ihr Bodennest liegt in unmittelbarer Gewässernähe, Brutbeginn ist erst im Mai oder Juni, so dass Junge führende Weibchen im August keine Seltenheit sind. **Wissenswertes** Die anpassungsfähige Reiherente hat sich im letzten Jahrhundert stark in Westeuropa ausgebreitet.

Rohrweihe

Circus aeroginosus (unten)

> Gaukel-Flug
> im Winter am Mittelmeer
> im Flug V-förmige Flügelstellung

Merkmale Fast so groß wie ein Bussard, aber viel graziler mit schmalen, langen Flügeln. Das Männchen wirkt mit seinem hellen Kopf und dem grau und braun abgesetzten Gefieder im Flug geradezu bunt, beim Weibchen fällt der vom braunen Gefieder abgesetzte, cremeweiße Kopf auf. **Vorkommen** Weihen sind Greifvögel offener Landschaften. Meist sieht man sie in niedrigen Suchflügen über schilfreichen Seen und Feuchtgebieten. **Lebensweise** Brüten meist in dichtem Röhricht, gelegentlich auf Wiesen oder Getreideäckern. Erbeuten Vögel und deren Eier, auch Mäuse, Ratten und Frösche. Ab Mitte August ziehen sie in Richtung Mittelmeer, oft bis nach Afrika, und kehren Ende März in ihre Brutgebiete zurück. **Wissenswertes** Halten bei ihren langsamen, gaukelnden Gleit- und Segelflügen die Flügel V-förmig.

Teichhuhn

Gallinula chloropus (oben links (Küken) und rechts)

› rotes Stirnschild
› häufig zahmer Parkvogel
› ruft durchdringend »kik!«

Merkmale Halb so groß wie eine Stockente, rotes Stirnschild, gelbe Schnabelspitze und lange grüne Beine ohne Schwimmhäute. Teichhühner nicken beim Schwimmen mit Kopf und Schwanz, ihre meist kurzen Flüge mit baumelnden Beinen wirken unbeholfen. **Vorkommen** Überall an Seen und Teichen häufig. Brütet auch an Dorfteichen und in Stadtparks. **Lebensweise** Hält sich im Gegensatz zum überwiegend auf dem offenen Wasser schwimmenden Blässhuhn eher versteckt in der Ufervegetation auf. Ernährt sich von Pflanzenteilen, Kleintieren wie Insekten und Muscheln, aber auch von Aas und Abfällen. **Wissenswertes** Viele Teichhuhn-Paare beginnen gleich nach dem Schlupf ihrer Küken eine zweite Brut. Diese jüngeren Küken werden von ihren älteren Geschwistern ganz selbstverständlich mitgefüttert.

Blässhuhn

Fulica atra (Mitte)

› läuft auf dem Wasser
› taucht viel
› im Winter oft an Futterplätzen

Merkmale Schwarzer Wasservogel mit rundlicher Gestalt, weißer Stirn und weißem Schnabel. Etwas kleiner als Stockente. **Vorkommen** An allen Gewässern mit Ufervegetation häufig, auch an Teichen in Städten. Im Winter häufig in großen Schwärmen an Futterplätzen, auch mitten in der Stadt, wo sie mit Enten und Höckerschwänen um Futter zankt. **Lebensweise** Schwimmt im Gegensatz zum versteckt in der Ufervegetation lebenden Teichhuhn oft auf dem Wasser, taucht hier nach Wandermuscheln und Schnecken. Frisst als anpassungsfähiger Allesfresser je nach Angebot aber auch Pflanzenteile, Insekten und Abfälle. Nest in dichter Ufervegetation versteckt. **Wissenswertes** Startet zum Flug durch Laufen auf der Wasseroberfläche.

Eisvogel

Alcedo atthis (unten)

› fliegt pfeilartig
› braucht steile Ufer
› gräbt tiefe Höhlen

Merkmale Kaum größer als ein Spatz, prächtig türkis und orange gefärbt. Großer Kopf mit langem, dolchartigem Schnabel, der Schwanz kurz und die Beinchen stummelförmig. Am auffälligsten ist er im Flug, wenn er mit seinem lauten »tsiiehh« wie ein türkisfarbener Pfeil dicht über der Wasserfläche davonschießt. **Vorkommen** Jagt an klaren Gewässern mit kleinen Fischen und überhängenden Sitzwarten. Zum Bau seiner Bruthöhle braucht er Abbruchkanten von mindestens 50 cm Höhe. Die Höhlen können bis zu mehreren 100 m vom Jagdrevier entfernt liegen. **Lebensweise** Frisst hauptsächlich 4–5 cm lange Süßwasserfische, die er von Sitzwarten aus erspäht und in senkrechten Sturzflügen, Schnabel voran, aufspießt. **Wissenswertes** Gräbt mit seinem kräftigen Schnabel eine meterlange Röhre in Uferwände. An deren Ende liegt die Nistkammer. Im Winter sieht man Eisvögel auch an kleinen Teichen in Dörfern und Städten.

Wasseramsel

Cinclus cinclus (oben)

- **an reißenden Bächen**
- **taucht viel**
- **singt auch im Winter**

Merkmale Wie eine kleine Amsel mit braunem statt schwarzem Kopf und auffällig weißer Brust. Stellt ihren kurzen Schwanz häufig hoch wie ein Zaunkönig. **Vorkommen** Das ganze Jahr über an schnell fließenden Bächen und Flüssen, zur Brutzeit nur im Mittel- und Hochgebirge, im Winter auch an Flüssen im Tiefland. **Lebensweise** Sucht ihr Futter am Grund von Bächen, schwimmt und taucht gut. Baut Nest nah am Wasser in Löchern oder Ritzen, auch unter Brücken. Es ist stets überdacht. **Wissenswertes** Bedroht durch Flussverbauungen und Wasserverschmutzung.

Bachstelze

Motacilla alba (Mitte links)

- **schwarz-weiß mit langem Schwanz**
- **wippt häufig**
- **oft in menschlicher Nähe**

Merkmale Spatzengroß mit sehr langem Schwanz, kontrastreich schwarz und weiß. **Vorkommen** Häufige Vögel in offener Kulturlandschaft, bevorzugt in Wassernähe. **Lebensweise** Bauen ihr Nest in Halbhöhlen oder Löchern am Wasser, auch an Bauwerken wie Schuppen, Brücken und Industrieanlagen. Ihre Nahrung besteht aus Mücken, Ameisen und kleinen Wassertieren. **Wissenswertes** Einer der wenigen Vögel, der von menschlichen Eingriffen in die Natur profitiert.

Teichrohrsänger

Acrocephalus scirpaceus (Mitte rechts)

- **»schwätzender« Gesang**
- **überwintert in afrikanischen Savannen**
- **oft Wirtsvogel des Kuckucks**

Merkmale Kleiner als Spatz, Rücken unscheinbar braun, die Unterseite cremefarben. Am ehesten am Gesang auszumachen. **Vorkommen** Schilfbewohner. **Lebensweise** Teichrohrsänger sieht man am besten in der Dämmerung, dann klettern sie an Schilfstängeln empor und schwatzen mit rhythmischem Gesang. Ihr Nest flechten sie als tiefes Körbchen zwischen senkrechte Schilfhalme. Klettern geschickt zwischen Schilfstängeln und picken kleine Insekten auf. **Wissenswertes** Ziehen im Winter nach Afrika.

Rohrammer

Emberiza schoeniclus (unten links und rechts)

- **»Rohrspatz«**
- **singt auf Schilfhalmen**
- **ruft gedehnt »ziieehh«**

Merkmale So groß wie ein Spatz und ähnlich gefärbt, deshalb auch »Rohrspatz« genannt. Männchen (rechts) mit schwarzem Kopf, weißem Halsband und Kinnstreifen. **Vorkommen** An schilfreichen Gewässern, auch an Gräben und in Getreidefeldern. **Lebensweise** Das Nest liegt meist in Bodennähe, gern etwas erhöht auf Grasbulten oder Stauden. Frisst Grassamen, im Sommer zur Fütterung der Jungvögel auch Insekten. **Wissenswertes** Neben dem Teichrohrsänger häufigster Vogel in unseren Schilfröhrichten.

Wasserfledermaus

Myotis daubentoni (oben)

- nachtaktiv
- bildet Wochenstuben
- jagt über dem Wasser

Merkmale Etwa 5 cm lange Fledermaus, Rücken bräunlich grau, unterseits hellgrau. **Vorkommen** In Wäldern und Parks in Gewässernähe. **Lebensweise** Dämmerungs- und nachtaktiv. Jagt dicht über dem Wasser, erbeutet im Flug Insekten, die sie mit Ortungsrufen im Ultraschallbereich ausmacht. Versteckt sich tagsüber in Baumhöhlen, in Spalten auf Dachböden oder in Mauerritzen. Überwintert in Höhlen, Kellern oder alten Brunnen. **Wissenswertes** Bis zu 50 Weibchen sammeln sich in »Wochenstuben«, um hier ihre nackten und blinden Jungen zur Welt zu bringen.

Wasserspitzmaus

Neomys fodiens (Mitte links)

- keine echte Maus
- schwimmt und taucht
- bedrohte Art

Merkmale Mausartig, 7–10 cm lang. Spitzes Gesicht, oben schiefergrau, unten weiß. **Vorkommen** An und in klaren, sauberen Gewässern. **Lebensweise** Jagt schwimmend und tauchend Insektenlarven, Wasserschnecken, kleine Fische und Frösche. Die Gänge ihrer Baue haben einen Ausgang zum Wasser. **Wissenswertes** Spitzmäuse sind keine echten Mäuse, sie nagen nicht, sondern fressen vor allem Insekten. Sie sind die nächsten Verwandten des Igels und stehen als bedrohte Art bei uns unter Schutz.

Gemeine Schermaus

Arvicola terrestris (Mitte rechts)

- ausgedehnte Gangsysteme
- schwimmt und taucht
- typische »Maulwurfshaufen«

Merkmale Große, 16–22 cm lange Wühlmaus mit kurzen, im Fell versteckten Ohren. Färbung sehr variabel von gelbbraun bis fast schwarz. **Vorkommen** An üppig bewachsenen Ufern stehender und langsam fließender Gewässer, aber auch in Gärten und Obstplantagen. **Lebensweise** Baut unterirdische Gangsysteme mit Nest- und Vorratskammern. Auch oberirdische Gänge sind typisch. Frisst Pflanzen und deren Wurzeln, Früchte und Baumwurzeln. Schwimmt und taucht vorzüglich. **Wissenswertes** Die Erdhaufen neben den Eingängen ähneln Maulwurfshügeln.

Wanderratte

Rattus norvegicus (unten)

- Allesfresser
- unterirdische Gangsysteme
- schwimmt und taucht gut

Merkmale Große, kräftige, 20–28 cm lange, braungraue Ratte mit nacktem Schwanz. **Vorkommen** In Siedlungen in Gewässernähe. **Lebensweise** Familienrudel leben in tiefen, unterirdischen Gangsystemen mit Vorratskammern und Fluchtröhren. Frisst Mäuse, Kaninchen, Aas und verursacht hohe Schäden in Lagern mit Lebensmitteln. **Wissenswertes** Kam im 18. Jahrhundert mit Handelsschiffen nach Europa und breitete sich explosionsartig aus. Gefürchtet als Überträger von Krankheiten und Seuchen.

Bisamratte

Ondatra zibethicus (oben)

> ist keine Ratte
> wertvoller Pelz
> aus Nordamerika eingebürgert

Merkmale Kaninchengroße, braune Wühlmaus (keine Ratte!) mit dichtem, weichem Fell und sehr kurzen Ohren. **Vorkommen** In wasserpflanzenreichen Teichen und Seen, Kanälen und langsam fließenden Flüssen. **Lebensweise** Frisst Schilf, Binsen, Rohrkolben, See- und Teichrosen, Obst und gelegentlich Schnecken und Muscheln. Unterhöhlt mit ausgedehnten Gangsystemen Dämme und Deiche. Wo solche Uferböschungen fehlen, baut sie ähnlich wie der Biber kegelförmige Burgen von 1–2 m Höhe, deren unterer Teil stets von Wasser bedeckt ist. Hier liegen die Eingänge. **Wissenswertes** Als wertvolles Pelztier und Jagdwild wurde die in Nordamerika beheimatete Bisamratte Anfang des 20. Jahrhunderts in Mitteleuropa eingebürgert. Hier konnte sich die anpassungsfähige Wühlmaus schnell ausbreiten.

Biber

Castor fiber (Mitte)

> breiter, platter Schwanz
> fällt Bäume
> staut Flüsse zu Seen auf

Merkmale Fuchsgroßes Nagetier mit sehr breitem, plattem Schwanz, der ihn von allen anderen Nagetieren unterscheidet. **Vorkommen** In Flussauen mit stehenden und fließenden Gewässern. **Lebensweise** In Familienverbänden, die ihren Lebensraum aktiv gestalten: Sie fällen Bäume und bauen mit den Ästen Burgen und Staudämme. Sie regulieren Wasserstände so, dass der Eingang der Burgen stets von Wasser bedeckt ist. Schwimmen und tauchen viel, fressen Sumpfpflanzen, Blätter, Rinde und Zweige. **Wissenswertes** Ehemals auf der Nordhalbkugel weit verbreitet, ist der Biber durch Bejagung als Pelztier sowie durch Gewässerzerstörung und -verschmutzung fast ausgerottet worden. Heute gibt es nur noch wenige Restvorkommen. Wiederaussetzungen u. a. im Elsass, an der Donau, der Elbe, am unteren Inn und in weiten Gebieten Skandinaviens.

Fischotter

Lutra lutra (unten)

> bedrohte Art
> nachtaktiv und scheu
> braucht vielfältige Gewässer

Merkmale Fuchsgroßes Mardertier mit kurzen »Dackelbeinen« und fleischigem, spitz zulaufendem Schwanz. **Vorkommen** An Flüssen und Bächen, Seen und Sümpfen mit reichhaltigem Fischangebot, Flach- und Tiefwasserzonen sowie Flach- und Steilufern. **Lebensweise** Reviergrößen von 2,5 km bis zu 20 km Uferlänge, je nach Nahrungsangebot. Fischotter fressen Fische, Mäuse, Muscheln, Schnecken und Krebse. Graben Erdhöhlen in Uferböschungen, deren Eingänge meist unter Wasser liegen. **Wissenswertes** Durch Bejagung als Pelztier, Verfolgung als Fischfang-Konkurrrent, Flussbegradigungen und Gewässerverschmutzung außerordentlich bedrohte Art. In Tierparks sind die spielfreudigen, »niedlichen« Tiere mit ihren Tauchkünsten häufig eine Attraktion.

Lebensraum Berge

In den Bergen finden wir ganz einzigartige Pflanzen und Tiere. Dabei begegnen wir je nach Höhenstufe unterschiedlichen Lebensräumen: In der Hügelstufe bis etwa 800 m finden wir heute meist Kulturland. In der Bergstufe bis etwa 1700 m wachsen Wälder aus Buche, Eiche, Fichte und Lärche. Die Gebirgsstufe reicht bis 2400 m, hier gehen die Wälder allmählich in Krüppelbäume und Zwergsträucher über. In der alpinen Stufe gedeihen nur noch Alpenrosen und winzige Weiden, Kräuter und schließlich Polsterpflanzen und Flechten.

Berg-Kiefer

Pinus mugo (oben links und rechts)

> oberhalb der Baumgrenze
> wächst buschig
> Bodenfestiger an Geröllhängen

Merkmale Kieferngewächse (*Pinaceae*). Bis 3,5 m hoch, buschig; niedrig, aufsteigende Äste, steife, 2–8 cm lange Nadeln, kleine, 3–7 cm große Zapfen. Männliche Blüten gelb, 1–1,6 cm, gehäuft am Grund junger Triebe, weibliche Blüten rosa bis rot, 5–10 mm groß, zu einer bis vier am Ende junger Triebe. Blütezeit Juni/Juli, Samenreife Oktober/November. **Vorkommen** In mittel- und südeuropäischen Gebirgen bis über 2000 m Höhe. **Wissenswertes** Bildet über der Baumgrenze mit Alpenrosen Dickichte, den so genannten Krummholzgürtel.

Zirbel-Kiefer, Arve

Pinus cembra (Mitte links)

> Zapfen aufrecht
> wird bis zu 1000 Jahre alt
> typischer Alpen-Baum

Merkmale Kieferngewächse (*Pinaceae*). Bis 25 m hoch, kegelförmig, Nadeln biegsam, 5–12 cm lang. Blüten nur im oberen Kronenteil: Männliche Blüten eiförmig, gelb, 1,5 cm lang, am Grund junger Triebe; weibliche Blüten tiefrot, 1–1,5 cm, an der Spitze junger Triebe. Zapfen eiförmig, aufrecht, 5–13 cm. Blütezeit Mai bis Juli, Samenreife September/Oktober. **Vorkommen** Alpen, Karpaten, Nordrussland bis Mittelsibirien in 1300–2700 m Höhe. **Wissenswertes** Ihre Samen sind die Hauptnahrung des Tannenhähers.

Alpen-Heckenrose, Gebirgsrose

Rosa pendulina (Mitte rechts)

> rosafarbene Blüten
> ziegelrote Hagebutten
> sommergrüner Busch

Merkmale Rosengewächse (*Rosaceae*). 0,5–2,5 m hoch, spärlich bestachelt. Blätter hellgrün, Blüten 4–5 cm, rosa bis purpurn. Hagebutten flaschenförmig, ziegelrot. Blütezeit Mai/Juli, Fruchtreife September/Oktober. **Vorkommen** In Gebirgen Mittel- und Südeuropas bis 2600 m, oft an der Baumgrenze. Neben den Alpen auch im Schwarzwald, auf der Alb, im Bayerischen, Oberpfälzer und Böhmerwald. **Wissenswertes** Die Alpen-Heckenrose ist unsere am höchsten im Gebirge vorkommende Rose. Nicht mit den Alpenrosen (wintergrüne *Rhododendron*-Arten) verwandt.

Silberwurz

Dryas octopetala (unten links und rechts)

> immergrüner Zwergstrauch
> strahlend weiße Blüten
> wird 100 Jahre

Merkmale Rosengewächse (*Rosaceae*). Immergrün, nur 5–10 cm hoch. Blätter ledrig-runzlig, länglich, 0,5–2,5 cm lang, unten silberweiß filzig behaart. Blüten weiß, 2–4 cm breit, meist mit acht Blütenblättern. Blütezeit Mai bis August, Fruchtreife September/Oktober. **Vorkommen** Alpen, Pyrenäen, Karpaten, Apennin, Gebirge der Balkanhalbinsel, Hochgebirge der nördlichen Halbkugel. Meist in 1200–2500 m Höhe. **Wissenswertes** Äußerst genügsam, gedeiht auf Kalkschutt und Flusskies, wird bis zu 100 Jahre alt.

Netz-Weide

Salix reticulata (oben)

> Kalkanzeiger
> Spalierstrauch
> Blätter netzartig geadert

Merkmale Weidengewächse (*Salicaceae*). Niederliegend, Äste breiten sich auf dem Boden aus. Blätter 1–3 cm lang, rundlich eiförmig mit tiefer Netzaderung (Name!). Blüten 2 cm lange, aufrechte, rötliche Kolben. Blütezeit Juli/August. **Vorkommen** In feucht-kühlen Hochlagen praktisch aller Gebirge der Nordhalbkugel außer auf Island und Spitzbergen. **Wissenswertes** Die Netz-Weide ist mit ihren eng an den Boden gedrückten Zweigen ein typischer »Spalierstrauch«; einen höheren Wuchs erlaubt der extreme Standort nicht: Dem Wind und schweren Schneedecken würden höhere Zweige nicht standhalten.

Rostblättrige Alpenrose

Rhododendron ferrugineum (Mitte links)

> heimischer Rhododendron
> immergrün
> meidet Kalk

Merkmale Heidekrautgewächse (*Ericaceae*). Immergrüner, bis 1 m hoher Strauch. Blätter dunkelgrün glänzend, ledrig, bis 4 cm lang. Blüten etwa 1,5 cm groß, tief rosarot, zu sechs bis zehn in Trauben. Blütezeit je nach Höhenlage Mai bis Juli. **Vorkommen** Auf sauren Böden in den Alpen, Pyrenäen, dem Apennin, dem Jura und den Gebirgen des westlichen Jugoslawiens. Wächst häufig an Gebirgshängen bis etwa 2800 m Höhe. **Wissenswertes** In Mitteleuropa sind nur zwei der weltweit etwa 1300 Rhododendron-Arten heimisch.

Behaarte Alpenrose

Rhododendron hirsutum (Mitte rechts)

> kalkliebend
> Blätter am Rand borstig behaart
> hellrosa Blüten

Merkmale Heidekrautgewächse (*Ericaceae*). Immergrün, bis 1 m hoch, junge Triebe behaart. Blätter grün glänzend, ledrig, bis 3 cm lang, im Unterschied zur Rostblättrigen Alpenrose am Rand borstig behaart. Blüten 1–2 cm groß, hellrosa, zu drei bis zehn zusammenstehend. Blütezeit Mai bis Juli, auch noch bis in den September und später. **Vorkommen** Meist über der Baumgrenze, in den Alpen von 600–2500 m Höhe. **Wissenswertes** Geschützte Art, auch unter vielen anderen Namen bekannt, z. B. Almrausch oder Bergrose. Kalkliebend.

Alpen-Bärentraube

Arctostaphylos alpina (unten links und rechts)

> sommergrüner Bodendecker
> Blätter im Herbst rot
> reife Beeren blauschwarz

Merkmale Heidekrautgewächse (*Ericaceae*). Sommergrün, kriechend, mit kurzen, aufsteigenden Zweigenden. Blätter schmal, bis 5 cm, lang bewimpert, am Rand scharf gesägt. Blüten 0,5 cm, grünlich weiß bis rötlich, zu zwei bis fünf zusammenstehend. Beeren erst rot, später blauschwarz. Blütezeit Mai/Juni, Fruchtreife September/Oktober. **Vorkommen** Bei uns nur in den Alpen, in sonniger Lage auf kalkarmen Felsböden. **Wissenswertes** Im Herbst Blätter leuchtend rot, bleiben bis zum Frühjahr stehen. Früchte werden von Vögeln gefressen, für Menschen ungenießbar.

Schneerose, Christrose

Helleborus niger (oben links)

> blüht im Winter
> schüsselförmige Blüten
> giftig!

Merkmale Hahnenfußgewächse (*Ranunculaceae*). 10–30 cm hoch und auffällig, da sie im Winter blüht. Stängel dick und rötlich grün, Blüten 5–10 cm groß, weiß und schüsselförmig, später hellrot verfärbend. Blätter handförmig geteilt, wintergrün. Blütezeit Ende Dezember bis April. **Vorkommen** In kalkhaltigen Laubwäldern und Gebüschen der Alpen bis 1900 m Höhe. **Wissenswertes** Enthält giftige Saponine, die Durchfall und Erbrechen bewirken. Gezüchtete Gartenformen haben meist etwas größere Blüten, die sich schon zu Weihnachten öffnen (»Christrose«).

Alpen-Küchenschelle

Pulsatilla alpina (oben rechts)

> »Teufelsbart«
> farnähnliche Blätter
> giftig!

Merkmale Hahnenfußgewächse (*Ranunculaceae*). 10–50 cm hoch, dicht behaart, je eine Blüte am Stängelende. Blüten etwa 5 cm groß aus meist sechs weißen Blütenblättern, außen oft blaurot überlaufen. Blätter farnähnlich. Blütezeit Mai bis Juli. **Vorkommen** Auf kalkhaltigem Geröll, Rasen und Weiden der Alpen bis 2700 m. **Wissenswertes** Wegen der 5 cm langen, silbrigen Federhaare an den Früchten auch »Teufelsbart« genannt. Die Pflanze enthält giftiges Protoanemonin, das zu Lähmungen führt.

Trollblume

Trollius europaeus (Mitte)

> gelbe Blütenkugeln
> streng geschützt
> schwach giftig

Merkmale Hahnenfußgewächse (*Ranunculaceae*). 20–60 cm hoch mit außergewöhnlichen, leuchtend gelben Blüten: Die Blütenblätter neigen sich nach innen und formen eine 3–5 cm große Blütenkugel. Blätter handförmig geteilt mit gesägtem Rand. Blütezeit Mai bis Juli. **Vorkommen** Auf feuchten Bergwiesen bis 2800 m. **Wissenswertes** Der Name bezieht sich vermutlich auf »Troll«, den nordischen Berggeist, oder auf das althochdeutsche »trol« = Kugel. Soll giftiges Protoanemonin enthalten, wird vom Weidevieh verschmäht.

Blauer Eisenhut

Aconitum napellus (unten links und rechts)

> giftigste heimische Pflanze!
> auf keinen Fall berühren!
> Blüten helmartig

Merkmale Hahnenfußgewächse (*Ranunculaceae*). 0,5–2 m hoch mit kräftigem, aufrechtem Stängel. Blüten in lockerer Traube am Stängelende, blauviolett, 2–3 cm groß, das oberste Blütenblatt bildet einen Helm. Blätter handförmig geteilt. Blütezeit Juni bis September. **Vorkommen** In Gebirgswäldern, an Bachufern, auf feuchten Weiden der Alpen und Mittelgebirge. **Wissenswertes** Die ganze Pflanze enthält das stark giftige Aconitin, insbesondere Wurzel und Samen. Schon beim Pflücken kann das Gift durch die Haut eindringen und schwere Vergiftungen hervorrufen.

Berg-Hahnenfuß

Ranunculus montanus (oben)

> blüht goldgelb
> giftig!
> wächst bis 2800 m Höhe

Merkmale Hahnenfußgewächse (*Ranunculaceae*). 10–30 cm hoch, goldgelbe, 2–3 cm große Blüten aus meist fünf Blütenblättern. Blätter tief drei- bis fünfgeteilt und unregelmäßig eingeschnitten. Blütezeit Mai bis September. **Vorkommen** Auf Schneeböden, feuchten Weiden und Feuchtwiesen, aber auch auf Geröll und in Wäldern von 600–2800 m Höhe. **Wissenswertes** Berg-Hahnenfuß enthält giftiges Protoanemonin. Es reizt die Schleimhäute bei Kontakt, eingenommen lähmt es Kreislauf und Atmung. In höheren Dosen tödlich.

Gletscher-Hahnenfuß

Ranunculus glacialis (Mitte links)

> große, weiße Blüten
> Blätter fleischig
> höchststeigende Blütenpflanze der Alpen

Merkmale Hahnenfußgewächse (*Ranunculaceae*). 5–20 cm hoch, wenige, große Blüten, dicker, rötlich grüner Stängel. Blüten 2–3 cm groß, aus fünf Blütenblättern, erst weiß, gegen Ende der Blühzeit rosa oder rotbraun. Blätter dicklich fleischig, tief dreigeteilt und zipfelig eingeschnitten. Blütezeit Juli bis Oktober. **Vorkommen** Höchststeigende Blütenpflanze der Alpen, auf kalkarmem Geröll und Schneeböden in 2000–4300 m Höhe. **Wissenswertes** Der Gletscher-Hahnenfuß ist giftig.

Weißer Alpenmohn

Papaver sendtneri (Mitte rechts)

> wächst in kleinen Polstern
> weiße Blüten mit gelbem Grund
> giftig!

Merkmale Mohngewächse (*Papaveraceae*). 5–20 cm hoch, in kleinen Polstern wachsend. Aus diesen sprießen mehrere aufrechte, mit steifen gelben Haaren besetzte Stängel mit je einer Blüte am Ende. Blüten 5 cm groß, aus vier weißen Blütenblättern, die am Grund gelblich oder schwärzlich gefärbt sind. Blätter alle am Grund, länglich und zerschlitzt. Blütezeit Juli bis August. **Vorkommen** Auf Kalksteinschutt der Alpen, auch auf solchem, der sich noch bewegt, von 1300–2600 m Höhe. **Wissenswertes** Enthält giftige Alkaloide, die nach Aufnahme zu Erbrechen und Krämpfen führen.

Spinnweben-Hauswurz

Sempervivum arachnoideum (unten)

> Blätter in Rosetten
> wie mit Spinnweben überzogen
> Zierpflanze in Steingärten

Merkmale Dickblattgewächse (*Crassulaceae*). 4–12 cm hoch, polsterförmig mit dickfleischigen Blättern. Die Blätter wachsen in 0,5–2,5 cm großen Rosetten, die Blattspitzen sind durch spinnwebenartige Haare untereinander verbunden (Name!). Aus den Rosetten wachsen dickfleischige Stängel mit 5–15 Blüten. Blüten 1–2 cm groß, sternförmig, rot. Blütezeit Juni bis September. **Vorkommen** Auf kalkfreiem, steinigem Boden von 1000–3000 m Höhe. **Wissenswertes** Die fleischigen Blätter dienen der Speicherung von Wasser. Beliebte Zierpflanze für Steingärten.

Roter Steinbrech

Saxifraga oppositifolia (oben)

- flache Polster
- tiefrosa Blüten
- bricht nicht den Stein!

Merkmale Steinbrechgewächse (*Saxifragaceae*). Niedrige, 1–5 cm hohe Polsterpflanze. Stängel am Boden ausgebreitet, Blätter eiförmig, 1–6 mm lang, blaugrün und dicklich. Blüten rosa bis pinkfarben, 1–2 cm groß. Blütezeit April bis August. **Vorkommen** Auf feuchtem, kalkhaltigem Fels und Geröll von 1500 bis über 3500 m Höhe. **Wissenswertes** Der Name »Steinbrech« rührt von der Vorstellung her, die Pflanzen würden die Felsen, auf denen sie leben, aufbrechen. Richtig ist, dass sie in bereits vorhandenen Felsspalten einfach am besten Fuß fassen können.

Mehl-Primel, Mehl-Schlüsselblume

Primula farinosa (Mitte links)

- Stängel und Blattunterseiten mehlig
- Blattrosette
- purpurne Blüten

Merkmale Primelgewächse (*Primulaceae*). Bis 20 cm hoch. Aus einer dichten Blattrosette am Boden wächst ein blattloser Stängel, an dessen Ende mehrere (meist 3–15) Blüten dicht an dicht stehen. Blätter länglich, bis 8 cm lang, unterseits weiß mehlig (Name!), Blüten bis 1,5 cm groß, purpurn. Blütezeit (April) Mai bis Juli. **Vorkommen** Auf feuchten, humosen und kalkhaltigen Böden, in den Alpen bis 3000 m Höhe. **Wissenswertes** Der Name »Primula« (Primus = der Erste) weist auf die frühe Blütezeit hin, die auch für ihre gelb blühenden Verwandten im Tiefland typisch ist.

Alpenglöckchen

Soldanella alpina (Mitte rechts)

- fransige Blütenröckchen
- blüht, wenn noch Schnee liegt
- herzförmige Blätter

Merkmale Primelgewächse (*Primulaceae*). 5–15 cm hoch, zartlila glöckchenförmige Blüten, unterer Rand fransig eingeschnitten. Blüten bis 1,5 cm lang. Die Blätter stehen alle in einer Rosette am Grund, sind immergrün, ledrig und herzförmig. Aus der Rosette entspringt der blattlose Stängel mit zwei bis drei Blüten. Blütezeit April bis Juli. **Vorkommen** Auf kalkreichen, feucht-nassen Böden der Alpen, in Höhe von 1500–2500 m. **Wissenswertes** Es kommt meist in größeren Beständen vor.

Alpen-Mannsschild

Androsace alpina (unten)

- dichte Polster
- braucht feuchte Böden
- beliebt in Steingärten

Merkmale Primelgewächse (*Primulaceae*). Nur 2–5 cm hoch, kleine, etwa 5 mm große, rosafarbene Blüten. Blätter rasenartig dicht stehend, 5–10 mm groß, am Rand und auf der Unterseite behaart. Blütezeit Juni bis August. **Vorkommen** Häufig auf kalkarmen, nassen und lange schneebedeckten Böden der Zentralalpen zwischen 2200 und 3000 m Höhe, gelegentlich bis 4000 m. **Wissenswertes** Beliebte Polsterpflanze. Bekannt ist auch das aus dem Himalaja stammende China-Mannsschild (*A. sarmentosa*).

Stängelloses Leimkraut

Silene acaulis (oben)

> bildet halbkugelige Polster
> duftet intensiv
> lockt Insekten an

Merkmale Nelkengewächse (*Caryophyllaceae*). 1–5 cm hohe, halbkugelige Polsterpflanze. Blüten purpurrot, etwa 1–1,5 cm groß. Blätter schmal und lang, etwa 0,5–1 cm lang und nur 1 mm breit. Blütezeit Juni bis September. **Vorkommen** In Felsspalten und auf steinigen Rasen in Höhen von etwa 2000 bis 3000 m. In den Nördlichen und Südlichen Kalkalpen häufig, sonst selten. **Wissenswertes** Auf den ersten Blick ist das Stängellose Leimkraut dem Roten Steinbrech (siehe Seite 196 oben) zum Verwechseln ähnlich – der hat jedoch etwas breitere, mehr eiförmige Blätter. Doch die beiden sind nicht im Entferntesten miteinander verwandt, sondern gehören zwei vollkommen verschiedenen Pflanzenfamilien an. In der Biologie bezeichnet man ein solches Phänomen als Konvergenz, d. h. ganz ähnliche Wuchsformen bilden sich im Laufe von Jahrmillionen als Anpassung an die Umweltbedingungen heraus, ganz unabhängig davon, was für die Familie sonst typisch ist.

Gelber Enzian

Gentiana lutea (Mitte links und rechts)

> streng geschützt
> alte Heilpflanze
> Enzian-Schnaps

Merkmale Enziangewächse (*Gentianaceae*). 0,5 m bis über 1 m hoch mit großen (bis über 25 cm langen), ovalen und spitzen Blättern. Die gelben, etwa 5 cm großen Blüten stehen büschelig zu drei bis zehn in den Achseln der oberen Blätter. Blütezeit Juni bis August. **Vorkommen** Auf trockenen Rasen und in lichten Gebüschen der Alpen bis über 2500 m Höhe. **Wissenswertes** Der Gelbe Enzian enthält in seinen dicken Speicherwurzeln glykosidische Bitterstoffe, die hochwirksam bei Verdauungsstörungen sind. Daher wurde die Pflanze von alters her häufig ausgegraben – und ist damit vielerorts selten geworden. Enzian-Schnäpse und Magenbitter erfreuen sich auch heute noch großer Beliebtheit, die Pflanzen hierfür stammen meist aus Feldkulturen.

Frühlings-Enzian

Gentiana verna (unten)

> typische Alpenpflanze
> darf nicht gepflückt werden
> braucht magere Bergwiesen

Merkmale Enziangewächse (*Gentianaceae*). 3–10 cm hoch mit einer einzigen, intensiv himmelblauen, 2–3 cm großen Blüte am Stängelende. Die meisten Blätter stehen in einer Rosette am Grund, sie sind bis zu 3 cm lang und schmal eiförmig. Blütezeit März bis Juni. **Vorkommen** Auf kalkhaltigen, feuchten oder trockenen Wiesen und Bergweiden von etwa 1200–3000 m Höhe. **Wissenswertes** Der Frühlings-Enzian braucht lockere und eher magere Böden. Wo Bergwiesen und Weiden zwecks größerer Ausbeute gedüngt werden, kann er sich nicht mehr behaupten und ist deshalb – und weil zu häufig gepflückt – selten geworden. Die Pflanze ist streng geschützt und darf nicht gepflückt werden. Bei warmer Witterung blüht sie im Herbst ein zweites Mal.

Alpen-Aster

Aster alpinus (oben)

> schöne, großblumige Aster
> lila-gelbe Blüten
> Nektar für Schmetterlinge

Merkmale Korbblütlergewäche (*Asteraceae*). 5–20 cm hoch mit meist einzeln am Stängelende stehenden, lila-gelben Blüten. Blüten 3–5 cm groß, innen gelbe Scheibenblüten, umgeben von einem Kranz lilafarbener Zungenblüten. Blätter behaart, schmal und lang. Blütezeit Juni bis August. **Vorkommen** Fast nur in den Alpen auf kalkhaltigen, flachgründigen und steinigen Weiden zwischen 1500 und 3000 m Höhe. Ziemlich häufig und gesellig; wo sie wächst, bildet sie meist größere Bestände. **Wissenswertes** Die Früchte tragen fedrige Haarkronen, so dass die Pflanze im Herbst aussieht, als trüge sie eine wollige Mütze. Oft bleiben die Früchte den ganzen Winter über an der Pflanze, die Samen werden nach und nach vom Wind verbreitet.

Edelweiß

Leontopodium alpinum (Mitte)

> weißer Blütenstern
> Symbol der Alpen
> viel begehrte Seltenheit

Merkmale Korbblütlergewächse (*Asteraceae*). Meist 5–20 cm hoch und insgesamt weißfilzig wirkend. Die eigentlichen Blüten sind nur 4–8 mm klein und gelblich, auffallend sind vielmehr die sie umgebenden, sternförmig angeordneten, weißfilzigen Hochblätter (5–15 an der Zahl), die streng genommen gar nicht Bestandteil der Blüte sind. Blätter schmal und lang, vor allem unterseits dicht weißfilzig. Blütezeit Juli bis August. **Vorkommen** Heute sehr selten in feuchten, sonnigen Felsspalten der Alpen etwa zwischen 1500 und 3400 m Höhe. **Wissenswertes** Jeder kennt sicher das berühmte Edelweiß, ob aus Filmen, Liedern oder von Krawattennadeln und Filzhüten. Doch nur die wenigsten haben es wohl je in der Natur gesehen. Denn das Symbol der Alpen ist zum einen durch unvernünftige Pflücksucht selten geworden, zum anderen aber auch viel schlichter und unscheinbarer, als die meisten sich diese Pflanze wohl vorgestellt hätten.

Arnika

Arnica montana (unten)

> wertvolle Heilpflanze
> duftet aromatisch
> leicht giftig

Merkmale Korbblütlergewächse (*Asteraceae*). 20–60 cm hoch mit 5–8 cm großen, gelben Blüten und borstig behaartem Stängel. Blätter fast alle am Grund als Rosette. Blütezeit Mai bis August. **Vorkommen** Auf kalkarmen, ungedüngten Bergwiesen und -weiden, in lichten Wäldern und Mooren. Im Tiefland, in den Mittelgebirgen und Alpen bis über etwa 2500 m. **Wissenswertes** Arnika ist eines der ältesten Volksheilmittel. Bekannt auch als »Wundkraut«, wirkt die Tinktur entzündungshemmend und wundheilend. Arnika wird äußerlich und innerlich angewandt, gehört aber, da schwach giftig, in die Hand eines erfahrenen Therapeuten. In der Homöopathie ist »Arnica D6« das Erste-Hilfe-Mittel bei Verletzungen und Unfällen jeder Art. Die Pflanze kann aber auch allergische Hautreaktionen auslösen.

Silberdistel

Carlina acaulis (oben)

> Blätter silbergrau
> nur eine Blüte
> schließt Blüte bei Regen

Merkmale Korbblütlergewächse (*Asteraceae*). 10–40 cm hohe Distel mit nur einer großen, silbrig grauen Blüte (Name!). Blüten 5–15 cm groß, höchstens kurz gestielt. Blätter tief zerschlitzt, stechend. Blütezeit Juni bis Oktober. **Vorkommen** Vor allem im Gebirge auf trockenen, nährstoffarmen Böden, an Wegen und Böschungen. **Wissenswertes** Als »Wetterdistel« bekannt: Die äußersten, silbrigen Hüllblätter der Blüte krümmen sich bei feuchter Luft nach innen, bei trockener Luft spreizen sie sich auseinander.

Berg-Flockenblume

Centaurea montana (Mitte links)

> wie eine große Kornblume
> zeigt Bodenfeuchte an
> beliebt als Gartenstaude

Merkmale Korbblütlergewächse (*Asteraceae*). 10–60 cm hoch, 3–5 cm große, leuchtend »kornblumenblaue« Blüten. Stängel dicht behaart. Blätter schmal eiförmig, ungeteilt. Blütezeit Mai bis Juli, blüht gelegentlich ein zweites Mal im Herbst. **Vorkommen** Wild auf Bergwiesen und in Wäldern bis über 2000 m Höhe, gern auf feuchten, frischen Böden. Oft auch aus Gärten verwildert. **Wissenswertes** Beliebte, pflegeleichte Gartenstaude, die auch im Halbschatten und auf feuchten Böden gedeiht, keine hohen Ansprüche an die Pflege hat und sich auch selbst aussät.

Alpen-Milchlattich

Cicerbita alpina (Mitte rechts)

> himmelblaue Blüten
> enthält viel Milchsaft
> schließt Blüten bei Regen

Merkmale Korbblütlergewächse (*Asteraceae*). 0,5–2 m hoch, zahlreiche himmelblaue bis hellviolette, etwa 2 cm große Blüten in einer Traube am Ende des dicht behaarten Stängels. Blätter groß, bis 25 cm lang und 12 cm breit, am Rand sehr unregelmäßig gesägt und mit großem, dreieckigem Endabschnitt. Blütezeit Juli bis September. **Vorkommen** Auf Lehmböden in Bergwäldern in 1000–2000 m Höhe, häufig. **Wissenswertes** Die Pflanze, insbesondere der hohle Stängel, enthält reichlich Milchsaft (Name!). Bei Schlechtwetter schließen sich die Blütenköpfe.

Alpen-Krokus

Crocus albiflorus (unten)

> Frühjahrsblüher
> Krokus der Bergwiesen
> in Gärten und Parks gepflanzt

Merkmale Schwertliliengewächse (*Iridaceae*). 10–15 cm hoch mit je einer weißen oder violetten Blüte am Stängelende. Blätter grasartig, grün mit weißem Mittelstreifen. Blütezeit Februar bis April. **Vorkommen** Braucht feuchte, lehmige Böden. Wild nur auf Bergwiesen der Alpen und Voralpen bis etwa 2500 m Höhe. Vielfach angepflanzt und aus Gärten und Parks verwildert. **Wissenswertes** Krokusse blühen nicht selten schon zwischen Schneeresten. Die Blüten sind nur bei vollem Sonnenschein geöffnet.

Apollofalter

Parnassius apollo (oben links und rechts)

> »Schneewittchen-Falter«
> fliegt zitternd
> streng geschützt

Merkmale 5 cm großer Schmetterling mit pergamentartig durchscheinenden Flügeln. Vorderflügel mit vier schwarzen Flecken, Hinterflügel tragen zwei rote Flecken mit schwarzen Rändern. Raupen (links) haarig, schwarz mit einer orangeroten Fleckenreihe an jeder Körperseite. **Vorkommen** In felsigen Gebirgen. **Lebensweise** Die Falter fliegen bei schönem Wetter auf blühenden Bergwiesen und saugen Nektar an Disteln. Die Weibchen legen ihre Eier an Weißen Mauerpfeffer oder an Hauswurz-Arten, die Fraßpflanzen ihrer Raupen. Flugzeit Juni bis September. **Wissenswertes** »Weiß wie Schnee, rot wie Blut, schwarz wie Ebenholz«, so beschrieb der Schmetterlingsdichter Friedrich Schnack den einst gar nicht so seltenen Apollo. Der schöne Falter reagiert empfindlich auf Umweltveränderungen und ist heute fast überall selten geworden.

Alpenbock

Rosalia alpina (Mitte)

> hellblau mit schwarzen Flecken
> mächtige Fühler
> in alten Buchenwäldern

Merkmale Bis 4 cm langer, prächtig gefärbter Bockkäfer, kräftige, deutlich mehr als körperlange Fühler. Färbung matt hellblau mit schwarzen Flecken, Beine und Fühler ebenso gefärbt. **Vorkommen** Lebt in alten Buchenwäldern im Bergvorland und im Gebirge. In Deutschland selten, nur noch an wenigen Stellen der Alpen und der Schwäbischen Alb. **Lebensweise** Die Käfer fliegen an sonnigen Tagen, oft landen sie auf Blüten und fressen Pollen. Ihre Eier legen sie in morsches Buchen- oder Eschenholz. Darin verbringen die geschlüpften Larven drei Jahre und mehr, graben sich eine Erdhöhle zum Verpuppen und sind schließlich »fertige« Käfer. **Wissenswertes** Aussterbend, vielerorts verschwunden. Wo er noch vorkommt, lässt er sich durch Fällen und Liegenlassen von Buchen gut vermehren.

Alpensalamander

Salamandra atra (unten)

> lackschwarz
> nachtaktiv
> gebärt lebende Junge

Merkmale 10–15 cm langer, meist komplett schwarzer Salamander, gelegentlich mit gelben Flecken. **Vorkommen** In den Alpen zwischen 800 und 2000 m Höhe. Bevorzugt feuchte und schattige Orte. **Lebensweise** Geht nachts auf Jagd nach Käfern, Spinnen, Nacktschnecken und Würmern. Versteckt sich tagsüber in Felsspalten oder unter totem Holz. Hält von Oktober bis April Winterruhe in Höhlen und unter Baumstämmen. **Wissenswertes** Biologisch sensationell ist seine Fortpflanzung: Anders als beim Rest der Familie, das sind Frösche, Molche und der Feuersalamander, ist er vom Wasser komplett unabhängig. Denn er legt keine Eier ab, sondern trägt seinen Nachwuchs zwei bis drei Jahre lang im Bauch. Dann bringt er komplett »fertige«, 4–5 cm kleine Alpensalamander zur Welt.

Steinadler

Aquila chrysaetos (oben links und rechts)

> **› mächtiger Greifvogel**
> **› segelt hoch in der Luft**
> **› König der Berge**

Merkmale Großer Adler (etwa gänsegroß) mit typischem, vorstehendem Adlerkopf und im Flug langen, schmalen Flügeln. Junge, noch nicht ausgefärbte Steinadler sind mehrere Jahre lang an ihren weißen Feldern auf Flügeln und Schwanz zu erkennen. **Vorkommen** Seltener Brutvogel. Bei uns als ganzjähriger Hochgebirgsvogel nur in den Alpen. In Skandinavien brüten noch etliche Steinadler-Paare in ausgedehnten Wäldern. **Lebensweise** Steinadler brauchen viel Platz: 100 km² reichen in der Regel gerade einem Steinadler-Paar als Jagdrevier. Sie leben hauptsächlich von Murmeltieren, Schneehasen, jungen Gämsen oder Schafen (auch als Aas) und Vögeln wie Schneehühnern. Die mächtigen Nester liegen auf Vorsprüngen oder in Nischen unzugänglicher Felswände und werden oft über mehrere Jahre bezogen. **Wissenswertes** Bedrohter Brutvogel, Störungen führen oft zu Brutverlusten.

Wanderfalke

Falco peregrinus (Mitte)

> **› rasanter Vogeljäger**
> **› erreicht bis zu 200 km/h**
> **› von Vogelschützern gerettet**

Merkmale Unser größter, kräftigster Falke, größer als eine Taube. Typisch sind der breite, schwarze Backenbart und im Flug die langen, spitz zulaufenden Flügel. **Vorkommen** Bei uns Brutvogel in Felswänden von Mittel- und Hochgebirgen, aber auch an Steilküsten. **Lebensweise** Ausgesprochener Vogeljäger (Haustauben, Star, Drosseln, Krähen und andere), der in offenen, abwechslungsreichen Landschaften jagt. Baut sein Nest in Felshöhlen und -nischen. **Wissenswertes** Die rücksichtslose Verfolgung sowie Störungen an den Brutplätzen brachten den faszinierenden Vogel bei uns an den Rand der Ausrottung. Eine durchgehende Bewachung und Beobachtung der Brutplätze konnten den Wanderfalken in letzter Minute retten. Heute nehmen die Bestände wieder zu.

Dreizehenspecht

Picoides tridactylus (unten)

> **› trägt kein Rot**
> **› Fichtenspecht**
> **› trinkt Baumsäfte**

Merkmale Etwas kleiner als ein Buntspecht, im Gegensatz zu diesem nur schwarzweiß, ohne Rot im Gefieder. **Vorkommen** In naturnahen Fichtenwäldern (nicht in künstlich angelegten Fichtenschonungen) mit reichlich Totholz, das er zum Brüten und zur Nahrungssuche benötigt. Bei uns Brutvogel in den Alpen, in den Hochlagen des Bayerischen und Böhmerwaldes und auch wieder im Schwarzwald. **Lebensweise** Männchen und Weibchen zimmern sich im Gegensatz zu anderen Spechten jedes Jahr eine neue Höhle, meist in absterbende Fichten. Picken mit ihren kräftigen Schnäbeln die Larven und Puppen von Bock- und Borkenkäfern unter der Rinde hervor. **Wissenswertes** Der Dreizehenspecht schlägt ringförmige Spuren in die Rinde von Fichtenstämmen und trinkt die austretenden Harze.

Alpenschneehuhn

Lagops mutus (oben links und rechts)

> **kleidet sich passend zur Jahreszeit**
> **übernachtet in Iglus**
> **häufig wenig scheu**

Merkmale Etwa halb so groß wie ein Haushuhn. Unterschiedliche Färbung im Jahreslauf, wobei die Flügel immer weiß sind (fällt besonders im Flug auf). Zur Brutzeit ist das Männchen braungrau marmoriert, das Weibchen eher goldbraun, im Winter sind beide schneeweiß (links). Im Frühjahr und Herbst (rechts) sind sie ungleichmäßig gescheckt. **Vorkommen** Ganzjährig in den Alpen, über der Baumgrenze. **Lebensweise** Lebt von Trieben, Blättern und Knospen. **Wissenswertes** Nur mit Anpassungen können die Vögel den eisigen Winter in unwirtlichen Höhen überstehen: Ihr weißes Gefieder tarnt sie hervorragend in der offenen Landschaft, die befiederten Füße dienen als Schneeschuhe und nachts graben sie sich gegen die Kälte eine bis zu 1 m lange Höhle in den Schnee.

Auerhuhn

Tetrao urogallus (Mitte links und rechts)

> **poltert beim Auffliegen**
> **Hähne treffen sich zur Balz**
> **schleifen, knallen und glucksen**

Merkmale Mächtige Hühner: Das Männchen (rechts) so groß wie ein Truthahn, dunkelgrau und braun gefärbt, das Weibchen (links) etwa gänsegroß und schlicht goldbraun marmoriert. **Vorkommen** Bedrohter Brutvogel, braucht ungestörte, naturnahe Nadel- und Mischwälder. **Lebensweise** Ernährt sich vegetarisch von Kiefernnadeln, Knospen, Kräutern und Beeren, im Sommer auch von Ameisen. **Wissenswertes** Legendär ist die Auerhahn-Balz: Noch vor Sonnenaufgang treffen sich die Hähne im Frühjahr an traditionellen Balzplätzen und buhlen mit eigenartigen Verhaltensweisen und Tänzen um die Gunst der Weibchen. Mit hochgereckten Köpfen, abgespreizten Flügeln und hoch aufgefächerten Schwanzfedern laufen sie herum und machen merkwürdige Geräusche, die wie das Knallen von Sektkorken, Glucksen und Schleifen klingen.

Birkhuhn

Tetrao tetrix (unten links und rechts)

> **die Hähne kullern und zischen**
> **die Hennen brüten und ziehen die Jungen auf**
> **bedrohte Art**

Merkmale Etwa so groß wie ein Haushuhn, sieht etwa aus wie die kleine Ausgabe des Auerhuhns. **Vorkommen** Im Tiefland Brutvogel ausgedehnter Moore und Heiden, hier jedoch fast ausgestorben. In den Alpen Brutvogel der Baumgrenze. **Lebensweise** Birkhühner sind Vögel ohne jede Paarbindung. Die Männchen (rechts) tun das ganze Jahr über praktisch nichts außer zu balzen und entfernen sich dementsprechend auch kaum von ihren gemeinschaftlichen Balzplätzen. Nach der kurzen Begattung baut das Weibchen (links) ein Nest, legt Eier, brütet und zieht schließlich auch die Jungen alleine groß. **Wissenswertes** Das zum Balzgesang gehörende, gurgelnd klingende »Kullern« der Hähne hört man im Hochgebirge häufig kilometerweit von schneebedeckten Gipfeln.

Alpenbraunelle

Prunella collaris (oben)

Merkmale Etwas größer als ein Spatz, mit pinzettenartigem Insektenfresserschnabel. Unscheinbar braun und grau gefärbt, aber mit leuchtend rotbraunen Körperseiten. **Vorkommen** Häufiger Brutvogel der Alpen, meist oberhalb der Baumgrenze auf schütter bewachsenen alpinen Matten. **Lebensweise** Sucht hauptsächlich am Boden hüpfend nach Nahrung wie Schmetterlingsraupen, Fliegen, Spinnen und auch Sämereien. Das umfangreiche Nest liegt versteckt in Felswänden oder zwischen Steinen. **Wissenswertes** Wird häufig für eine Lerche gehalten.

> **in Höhen von 1500–3000 m**
> **im Winter oft an Schutzhütten**
> **lerchenartiger Trillergesang**

Steinschmätzer

Oenanthe oenanthe (Mitte links)

Merkmale Etwa spatzengroß, Männchen mit grauschwarzem Mantel, leicht orange überhauchter Brust und schwarzer Augenbinde. Weibchen bräunlicher mit hellerer Augenbinde. Im Flug fällt bei beiden der Schwanz auf: Er trägt ein schwarzes »T« auf weißem Grund. **Vorkommen** In offenen Landschaften mit schütterer Vegetation, Nischen und Sitzwarten, z. B. Kiesgruben, Dünen und im Hochgebirge. **Lebensweise** Ansitzjäger. Erbeutet Insekten, Würmer und Schnecken. **Wissenswertes** Sitzt hoch aufgerichtet auf Steinen u. Ä. und wippt mit dem Schwanz.

> **steht hoch aufgerichtet**
> **schwarze Augenbinde**
> **kratzender Gesang**

Ringdrossel

Turdus torquatus (Mitte rechts)

Merkmale Wie Amsel mit weißem Lätzchen. **Vorkommen** Bei uns Brutvogel der Alpen und höherer Mittelgebirge. Brütet in nadelholzreichen Wäldern. **Lebensweise** Frisst wie die Amsel Regenwürmer, daneben Insekten und im Sommer Beerenfrüchte. Baut ihr recht »schlampiges« Nest in Fichten oder Kiefern, aber auch an Berghütten. **Wissenswertes** Oft brüten mehrere Paare dicht nebeneinander. Sie machen sich keine Konkurrenz, da ihre Nahrungsreviere woanders liegen.

> **»Amsel der Berge«**
> **im Winter am Mittelmeer**
> **trägt ein weißes Lätzchen**

Schneesperling

Montifringilla nivalis (unten)

Merkmale Wie ein großer, langflügliger Spatz. Im Flug fallen die schneeweißen Felder auf Flügeln und Schwanz auf. **Vorkommen** Brutvogel der Alpen zwischen Baumgrenze und dem ewigen Schnee in Felsgebieten. **Lebensweise** Frisst im Sommer Insekten und Spinnen, im Winter Sämereien. Brütet häufig gesellig in Felswänden, Steinhaufen, aber auch an Hütten. **Wissenswertes** Im Winter in Trupps, dann trifft man Schneesperlinge auf Nahrungssuche an Bergstationen, Berghütten oder Futterplätzen.

> **Spatz der Berge**
> **im Winter an Berghotels**
> **bekannt als »Schneefink«**

Tannenhäher

Nucifraga caryocatactes (oben)

> **› pflanzt Kiefernwälder**
> **› ruft »grrääh«**
> **› im Herbst in Tälern und Gärten**

Merkmale Kleiner als eine Krähe, dunkelbraun mit weißen Punkten. **Vorkommen** In Mittel- und Hochgebirgen bis zur Waldgrenze. Brutvogel in Nadelwäldern mit Zirbel-Kiefern, auch in Fichtenwäldern mit reichlich Haselsträuchern in der Nähe. **Lebensweise** Ernährt sich hauptsächlich von Baumsamen und Früchten, im Sommer auch von Insekten oder Aas. Für sein Vorkommen von entscheidender Bedeutung sind die großen Samen der Zirbel-Kiefer oder ersatzweise Haselnüsse. Zwischen 50 000 und 100 000 vergräbt er davon jeden Herbst als Wintervorrat. **Wissenswertes** Der Tannenhäher ist von nicht zu unterschätzender Bedeutung für die Forstwirtschaft. So entstehen rund 80% des Jungwuchses in Zirbel-Kiefernwäldern dadurch, dass Tannenhäher nur einen Teil ihrer Wintervorräte an Zirbelnüsschen wiederfinden!

Alpendohle

Pyrrhocorax graculus (Mitte)

> **› gesellig und oft futterzahm**
> **› lernfähig und schlau**
> **› fliegt spielend 200 km/h**

Merkmale Kleiner als eine Krähe, ganz schwarz mit gelbem Schnabel und roten Beinen. **Vorkommen** Häufiger Brutvogel der Alpen oberhalb der Baumgrenze. **Lebensweise** Brütet einzeln in steilen Felswänden, Mauerlöchern von Ruinen, auch auf Dachböden. Sofort nach dem Ausfliegen der Jungen schließen sich die für ihre Geselligkeit bekannten Vögel schnell zu Schwärmen zusammen und suchen gemeinsam nach Nahrung. Das sind Insekten, Spinnen und Würmer, aber auch Jungvögel. In zunehmendem Maße stehen auch Abfälle und Lebensmittelreste auf ihrem Speiseplan. **Wissenswertes** Dohlen sind für ihre Schläue bekannt, das gilt auch für Alpendohlen. So finden sie sich pünktlich nach der Pause auf Schulhöfen ein, um die Reste des Pausenbrotes zu ergattern, und richten sich sogar nach den Ankunftszeiten der Bergbahnen im Gipfelbereich.

Kolkrabe

Corvus corax (unten)

> **› Flugruf tief »kork«**
> **› akrobatische Flugspiele**
> **› heute wieder häufiger**

Merkmale Mächtiger Krähenvogel, größer als ein Bussard. Glänzend schwarz mit sehr kräftigem Schnabel und dick wirkendem Hals. Segelt wie ein Greifvogel, der keilförmige Schwanz ist dann ein wichtiges Erkennungsmerkmal. **Vorkommen** Im Tiefland in Wäldern und in felsigen Gebirgslandschaften. **Lebensweise** Brütet auf hohen Bäumen oder in Felswänden. Frisst hauptsächlich Aas, schlägt aber auch in Gemeinschaftsjagden junge Hasen und Rehe. Zur Nahrungssuche auch auf Müllkippen. **Wissenswertes** Fast ausgerottet war der Kolkrabe in Mitteleuropa bis zur Mitte des 20. Jahrhunderts in den Mittelgebirgen und im Tiefland. Seit er nicht mehr direkt verfolgt wird (Abschuss, Zerstörung der Nester), breitet er sich durch weit umherstreifende Jungvögel wieder aus.

Schneehase

Lepus timidus (oben links und rechts)

> im Winter weiß
> gräbt Schneetunnel
> häufige Beute des Steinadlers

Merkmale Größe zwischen Kaninchen und Feldhase. Fell im Sommer (rechts) bräunlich grau, im Winter (links) rein weiß. Ohrenspitzen immer schwarz, Schwanz immer weiß. **Vorkommen** In Nadelwäldern, Lawinenstrichen und Kahlschlägen der Alpen von ungefähr 1300–3000 m Höhe. **Lebensweise** Der Schneehase ist in der Nahrungswahl anspruchsloser als der Feldhase. Im Sommer frisst er Kräuter, Knospen, Gräser und Beeren, im Winter genügen ihm Zweige, Flechten und Rinde. **Wissenswertes** Der kräftigere Feldhase verdrängt seinen Nahrungskonkurrenten aus Gebieten, in denen er selbst vorkommen kann. So bleiben den Schneehasen nur karge Lebensräume. Mit seinem weißen Fell und breiten, spreizbaren Pfoten (»Schneeschuhen«) ist er aber hervorragend an kalte, schneereiche Winter angepasst.

Alpen-Murmeltier

Marmota marmota (Mitte)

> verschläft den Winter
> lebt in Kolonien
> gebietsweise sehr zutraulich

Merkmale Etwa hasengroß, typisch sind der kurze Kopf mit winzigen Ohren und der kurze, buschige Schwanz. **Vorkommen** Auf offenen Almen und Felsregionen zwischen 1000 und 3000 m Höhe, sofern der Boden das Graben von Bauen zulässt. **Lebensweise** Lebt gesellig in unterirdischen, weit verzweigten Bauen. Diese enthalten Wohn-, Schlaf- und Fluchtkammern und können bis zu 3 m tief sein. Oft sieht man einzelne Tiere am Eingang Wache stehen, wobei sie »Männchen« machen. Als Nahrung dienen Gräser, Knospen, Kräuter und Wurzeln. **Wissenswertes** Im Oktober ziehen sich die Familien in ihre Baue zurück. Hier kuscheln sie sich in Schlafkesseln eng aneinander und halten Winterschlaf, bis das Wetter besser wird (meist bis April).

Luchs

Lynx lynx (unten links und rechts)

> schäferhundgroße Katze
> überall selten
> für den Menschen völlig ungefährlich

Merkmale Etwa so groß wie ein Deutscher Schäferhund, typisch sind der kurze Stummelschwanz und die Pinselohren. **Vorkommen** Ausgedehnte Wälder und Hochgebirge. **Lebensweise** Einzelgängerisch, versteckt und heimlich. Pirscht sich an Rehe, Gämsen und Schneehasen heran und tötet sie mit einem Biss in die Kehle. Ruht tagsüber in Fels- und Baumhöhlen, hier bringen Muttertiere auch ihre Jungen zur Welt, die sie wahrscheinlich alleine großziehen. Nach einem Jahr verlassen die Jungluchse die Mutter und gründen eigene Reviere. **Wissenswertes** Da der Luchs immens große Reviere bewohnt (etwa 100–300 km^2), ist er selten. Außerdem ist er fast überall in Mitteleuropa ausgerottet worden. Versuche, ihn wieder anzusiedeln, sind zum Teil erfolgreich. Luchse entnehmen ihrem Revier pro Jahr etwa ein Reh pro Quadratkilometer. Zum Vergleich: Jäger erlegen die drei- bis fünffache Zahl.

Mufflon

Ovis ammon (oben links und rechts)

> **› Wildschaf**
> **› schneckenförmige Hörner**
> **› fast überall ausgesetzt**

Merkmale Ist etwas kleiner als die meisten Hausschaf-Rassen. Männchen (rechts) mit bis zu 80 cm langen, schneckenförmigen Hörnern, Weibchen (links) hornlos oder höchstens mit kurzen Hörnern. **Vorkommen** Ursprünglich in offenen Gebirgslandschaften auf den Inseln Korsika und Sardinien beheimatet, in Mitteleuropa vielerorts als Jagdwild ausgesetzt. Reinrassige Mufflons trifft man nur selten an, da sie sich mit Hausschafen vermischen. **Lebensweise** Leben in kleinen Rudeln, klettern und springen viel und gern. Ernähren sich genügsam von Gräsern, Kräutern, Knospen, Laub und Baumfrüchten wie Eicheln, Bucheckern und Kastanien. **Wissenswertes** Bei Rangkämpfen krachen die Widder mit Anlauf mit ihren Hörnern aneinander. Dies wird von den Jungwiddern schon früh spielerisch nachgeahmt.

Alpensteinbock

Capra ibex (Mitte)

> **› lange, säbelartige Hörner**
> **› an steilen Hängen**
> **› nur in den Alpen**

Merkmale So groß wie eine Ziege, aber kräftiger und mit langen, säbelartig nach hinten gebogenen Hörnern (beim Männchen bis zu 1 m lang). **Vorkommen** In den Alpen oberhalb der Baumgrenze in 2500–3500 m Höhe. Im Winter an steilen, schneefreien Südhängen. **Lebensweise** Klettert und springt an steilen, felsigen Hängen, wo er sich von Gräsern, Kräutern, Jungtrieben und Flechten ernährt. Lebt außerhalb der Paarungszeit (im Dezember und Januar) in getrennten männlichen und weiblichen Herden. **Wissenswertes** Durch Überjagung wurde der Alpensteinbock fast ausgerottet. Nur im Grand-Paradiso-Nationalpark an der italienisch-österreichischen Grenze überlebten einige Herden. Von diesen aus wurde der Alpensteinbock in vielen Gebirgsstöcken der Alpen wieder ausgesetzt.

Gämse

Rupicapra rupicapra (unten)

> **› kurze, hakenförmige Hörner**
> **› Männchen mit Gamsbart**
> **› auch in Mittelgebirgen**

Merkmale Ziegenähnlich, beide Geschlechter mit kurzen, dünnen Hörnern, die am Ende hakenartig nach hinten gebogen sind. **Vorkommen** In Hochgebirgen wie den Alpen, eingebürgert auch in Mittelgebirgen wie dem Schwarzwald und der Sächsischen Schweiz. Im Sommer oberhalb der Baumgrenze, im Winter darunter. **Lebensweise** Klettert in offenem und felsigem Gelände, wo sie Kräuter, Gräser, Knospen und Beeren frisst. Weibliche Gämsen leben mit ihren Jungen in großen Rudeln, die Böcke leben in kleinen Gruppen oder allein. Im Winter gesellen sich die Böcke zu den Weibchen und kämpfen mit kräftezehrenden Hetzjagden um deren Gunst. **Wissenswertes** Als »Gamsbart« bezeichnet man die bis zu 25 cm langen Haare entlang Nacken und Rücken der Männchen. Während ihrer Rangkämpfe stellen sie ihn auf, um größer zu erscheinen.

Lebensraum Küste

Denken wir an die Küste, haben wir meist einen feinen Sandstrand vor Augen. Doch die Küste hat viel mehr zu bieten als nur das. An Ost- und Nordsee finden wir ausgedehnte Dünenlandschaften, weiße Felsküsten und Strandseen. Und wo Ebbe und Flut zweimal am Tag wie von Geisterhand die Nordsee »verschlucken« und wieder auftauchen lassen, liegt eines der weltweit bedeutendsten Ökosysteme: das Wattenmeer. Mit dem zeitweise ohne Wasser daliegenden Meeresboden, den Salzwiesen, Flussmündungen und dem Felswatt bietet es ganz besondere Pflanzen und Tiere.

Sägetang

Fucus serratus (oben links)

> olivgrün
> am Rand scharf gesägt
> vielfach verzweigt

Merkmale Braunalgen (*Phaeophyceae*). Groß, bis 1 m lang, olivgrün oder schwarzgrün mit gesägtem Rand. Die Zweige sind flach und mehrfach gegabelt. **Vorkommen** In Ost- und Nordsee sowie an den Atlantikküsten; fehlt im Mittelmeer. Wächst in dichten Beständen in 1–5 m Tiefe auf Felsen und Steinen. **Wissenswertes** Unter den dichten Vorhängen des Sägetangs gedeihen Rotalgen, dazwischen finden zahlreiche Meerestiere Schutz. Auf den Zweigen leben Moostierchen, Röhrenwürmer und winzige Polypen.

Zuckertang

Laminaria saccharinum (oben rechts)

> Zutat für Speiseeis und Schaumgummi
> bis zu 5 m lang
> krallenartiger »Fuß«

Merkmale Braunalgen (*Phaeophyceae*). Sehr große, bis zu 5 m lange und 10–30 cm breite, unverzweigte Alge. Gelbbräunlich und mit krallenartiger Wurzel am Untergrund verankert. **Vorkommen** Auf felsigem Untergrund in Ost- und Nordsee sowie an den Atlantikküsten. **Wissenswertes** Der Zuckertang hat von alters her große wirtschaftliche Bedeutung. Angespülte Tange wurden gesammelt oder gezielt bei Niedrigwasser an ihren Wuchsorten geerntet. Die Verwendung reicht vom Dünger über Emulgatoren und Geliermittel in der Nahrungsmittelindustrie (Speiseeis, Fleischsülzen) bis zur Herstellung von Schaumgummi und Papier.

Roter Horntang

Ceramium rubrum (Mitte)

> wächst buschig
> perlschnurartig geringelt
> häufig in Kosmetika enthalten

Merkmale Rotalgen (*Rhodophyceae*). Buschig, feingliedrig, rot, bis 30 cm groß . Typisch ist die perlschnurartige Ringelung. **Vorkommen** Häufige Rotalge in Ost- und Nordsee sowie im Atlantik. Wächst auf Steinen oder anderen Algen bis in 20 m Tiefe. **Wissenswertes** Rotalgen sind für den Menschen von wirtschaftlicher Bedeutung: Ihre Zellen enthalten Pektinstoffe (z. B. Agar), die industriell bei der Lebensmittelherstellung, zum Kochen und in Kosmetika verwendet werden.

Meersalat

Ulva lactuca (unten)

> ähnelt Blattsalat
> essbar
> oft an Molen und Klippen

Merkmale Grünalgen (*Chlorophyceae*). Grün, bis 80 cm hoch, erinnert an Blattsalat. Seine Blätter sind oft in Lappen und Buchten aufgeteilt, wellig und sitzen mit einem kurzen Stiel am Untergrund fest. Häufig treiben auch losgerissene Blätter frei im Wasser. **Vorkommen** Sehr häufige Alge in Ost- und Nordsee, am Atlantik und am Mittelmeer. Wächst auf größeren Steinen und auf Fels bis in etwa 15 m Tiefe. **Wissenswertes** Meersalat erhielt seinen Namen zunächst, weil er wie Salat aussieht, erst später stellte sich heraus, dass er tatsächlich essbar ist. Er ist vitaminreich, in einigen Ländern wird er gern gegessen.

Sanddorn

Hippophaë rhamnoides (oben links und rechts)

> vitaminreiche Früchte
> dornig mit silbrigen Blättern
> Pionier in Dünen

Merkmale Ölweidengewächse (*Elaeagnaceae*). Sommergrüner, dorniger Strauch, kann aber auch bis zum 10 m hohen Baum auswachsen. Blätter 1–6 cm lang und 3–10 mm breit, silbrig behaart. Blüten (rechts) unscheinbar und winzig, in kleinen Trauben an den Ästen. Es gibt rein männliche und rein weibliche Sträucher, die Bestäubung erfolgt durch den Wind oder durch Insekten. Die Früchte sind kugelig, etwa 8 mm im Durchmesser und auffallend orange gefärbt (links). Blütezeit März/April, Fruchtreife September. **Vorkommen** In Europa und Kleinasien heimisch, bei uns häufig an den Küsten von Nord- und Ostsee und im Alpenraum. Liebt sand- oder kieshaltige, vom Grundwasser beeinflusste Böden. **Wissenswertes** Die orangefarbenen Früchte des Sanddorns sind essbar. Sie schmecken außerordentlich sauer und enthalten viele Vitamine. Auch zu Sanddornsaft verarbeitet erhältlich.

Schwarze Krähenbeere

Empetrum nigrum (Mitte)

> Zwergstrauch in Dünen und Heiden
> nadelförmige Blätter
> schwarze Früchte, essbar

Merkmale Krähenbeerengewächse (*Empetraceae*). Immergrüner, 20–40 cm hoher Zwergstrauch, kriecht und bildet Teppiche. Seine Laubblätter wirken dadurch, dass sie nach unten eingerollt sind, nadelförmig. Sie sind 5 mm lang und etwa 1 mm breit. Die Blüten sind rötlich, unscheinbar und häufen sich an den Zweigenden. Auffällig sind die kugeligen, schwarz glänzenden, 6–8 mm großen Früchte. Blütezeit Mai/Juni, Fruchtreife August/September. **Vorkommen** In Dünen und Heiden an Nord- und Ostsee sowie in den Alpen. **Wissenswertes** Die Früchte wurden lange Zeit fälschlicherweise als giftig angesehen. Nach Frosteinwirkung sind sie jedoch genießbar, schmecken ähnlich sauer wie Preiselbeeren und lassen sich sowohl roh verzehren als auch zu Marmelade verarbeiten.

Stranddistel

Eryngium maritimum (unten)

> blaue Blütenkugeln
> Blätter stechen
> streng geschützt

Merkmale Doldengewächse (*Apiaceae*). 20–70 cm hohe, oben stahlblau überlaufene und sehr stechende Pflanze. Blätter bläulich grün, tief dreigeteilt und mit lang ausgezogenen, stacheligen Spitzen. Zahlreiche, nur etwa 4 mm kleine, blauviolette Blüten, zu 1–2 cm großen Köpfchen vereinigt. Blütezeit Juni bis September. **Vorkommen** Dünen an Ost- und Nordsee. Durch Strandbetrieb und Ausgraben nur noch an vereinzelten Standorten. **Wissenswertes** Die Stängel und Blätter der Stranddistel sind mit einer wachsartigen Schicht überzogen. Sie schützt die Pflanze vor Sandstürmen, Salzduschen und Austrocknung, nicht aber vor der Ausrottung durch den Menschen. Reger Badebetrieb und massenhaftes Pflücken haben die stachelige Schönheit selten werden lassen. Die Stranddistel ist heute streng geschützt.

Meersenf

Cakile maritima (oben links)

> hellviolett, auf dem Strand
> fleischige Blätter
> oft in Massen

Merkmale Kreuzblütlergewächse (*Brassicaceae*). 10–50 cm hoch, ästig ausgebreitet mit dickfleischigen, graugrünen Stängeln und Blättern. Blätter meist gefiedert. Blüten etwa 0,5 cm groß, aus vier hellvioletten Blütenblättern. Blütezeit Juli bis September. **Vorkommen** Einzige hellviolett blühende Pflanze, die direkt auf dem Sandstrand wächst. **Wissenswertes** Naher Verwandter des gelb blühenden Schwarzen Senfs (*Brassica nigra*), dessen Samen Sinigrin und Sinapin enthalten und zur Senfherstellung dienen.

Queller

Salicornia europaea (oben rechts)

> dickfleischig
> wächst auf Schlick
> im Herbst leuchtend rot

Merkmale Gänsefußgewächse (*Chenopodiaceae*). 5–30 cm hoch und nur aus dicklichen, gelenkartig eingeschnürten Stängeln bestehend. Die Blätter sind zu winzigen Schuppen zurückgebildet. Blüten winzig und unscheinbar. Blütezeit August bis Oktober, dann verfärbt sich die ganze Pflanze leuchtend rot. **Vorkommen** Auf schlickigen Böden, typische Pflanze des Wattenmeeres. **Wissenswertes** Der Queller mit seinen dickfleischigen Stängeln ist gut an den salzigen Lebensraum angepasst: Er verträgt Salzkonzentrationen von bis zu 12 %.

Strand-Grasnelke

Armeria maritima (Mitte)

> rosafarbene Blütenköpfchen
> Blätter wie Gras
> auf salzigen Küstenwiesen

Merkmale Bleiwurzgewächse (*Plumbaginaceae*). 15–40 cm hoch mit 1,5–2 cm großen, rosafarbenen Blütenköpfen und grasartigen, bis 12 cm langen Blättern, die alle am Grund wachsen. Blütezeit Mai bis September. **Vorkommen** Auf salzigen Küstenwiesen und sandigen Rasen. **Wissenswertes** Man unterscheidet etliche Kleinarten. Sie sind kaum voneinander zu unterscheiden, besiedeln aber ganz unterschiedliche Lebensräume wie Hochgebirge, Sandrasen und trockene Kiefernwälder. Ihre Strategie heißt Genügsamkeit. So können sie auch in extreme und trockene Lebensräume vordringen.

Strandflieder

Limonium vulgare (unten)

> Flieder der Strandwiesen
> heute selten
> streng geschützt!

Merkmale Bleiwurzgewächse (*Plumbaginaceae*). 20–50 cm hoch mit dekorativen, fliederfarbenen Blütenähren. Blätter ledrig, bis 20 cm lang und in eine Stachelspitze endend. Blütezeit Juli bis September. **Vorkommen** Auf küstennahen, salzigen Wiesen. **Wissenswertes** Durch Eindeichungen und intensive Beweidung ist der einst häufige Strandflieder heute zur Besonderheit auf küstennahen Salzwiesen geworden und wächst fast nur noch in Schutzgebieten. Bitte nicht pflücken!

Strand-Aster

Aster tripolium (oben links)

> Aster der Küsten
> braucht salzige Böden
> Blütenpracht in Gelb und Lila

Merkmale Korbblütlergewächse (*Asteraceae*). 20–60 cm hoch mit zahlreichen, 2–2,5 cm großen Blüten an jedem Stängel. Blüten innen gelb, außen lila. Blätter schmal und fleischig dicklich. Blütezeit Juni bis Oktober. **Vorkommen** Nur auf salzigen, nassen Böden. Auf küstennahen Salzwiesen und an Flussmündungen. **Wissenswertes** Mit ihren Blüten sprenkelt die Strand-Aster im Spätsommer mäßig beweidete Salzwiesen gelb und lila. Da sie auf salzige Böden angewiesen ist, eignet sie sich nicht für Gärten.

Strand-Kamille

Tripleurospermum maritimum (oben rechts)

> duftet kaum
> Blätter fleischig
> wächst auf Strandwällen

Merkmale Korbblütlergewächse (*Asteraceae*). 10–50 cm hoch mit ausgebreiteten, erst an den Enden aufsteigenden Stängeln. Blüten groß, bis etwa 5 cm breit, innen gelbe Röhrenblüten, außen weiße Zungenblüten. Blätter fiederteilig und etwas fleischig. Blütezeit Juli bis Oktober. **Vorkommen** Auf Strandwällen und meernahen Felsen. **Wissenswertes** Die Blüten duften beim Zerreiben nur schwach nach Kamille. Gelegentlich wird die Strand-Kamille mit der Geruchlosen Kamille (*T. inodorum*) zu einer Art zusammengefasst. Diese wächst auf Ödland und hat keine fleischigen Blätter.

Strand-Beifuß

Artemisia maritima (Mitte)

> weißfilzig
> duftet betörend
> »Strand-Wermut«

Merkmale Korbblütlergewächse (*Asteraceae*). 30–60 cm hoch und auffällig gefärbt: Stängel und Blätter schimmern durch einen Filz weißer Haare schon von weitem weißbläulich. Blätter mehrfach gefiedert, Blüten klein und gelb. Blütezeit August bis Oktober. **Vorkommen** Braucht salzige, feuchte Böden, auf küstennahen Wiesen. **Wissenswertes** Wird auch Strand-Wermut genannt; Blätter enthalten ätherische Öle, beim Zerreiben riechen sie aromatisch nach Wermut. Der weiße Filz ist eine Anpassung an den windigen, salzigen Lebensraum: Er schützt Blätter und Stängel vor dem Austrocknen.

Strandhafer

Ammophila arenaria (unten)

> graugrünes Gras
> Blätter meist eingerollt
> festigt Dünen

Merkmale Süßgräser (*Poaceae*). 0,5–1 m hohes, graugrünes Gras mit sehr schmalen, meist eingerollten Blättern. Blüten in einer 10–20 cm langen, sehr schmalen Ähre. Blütezeit Juni bis August. **Vorkommen** Bildet dichte Rasen in Dünen und am Sandstrand. **Wissenswertes** Mit seinem reich verzweigten, tief reichenden Wurzelwerk hält der Strandhafer lose Dünenanwehungen fest und nimmt selbst Übersandungen nicht krumm: Dann wächst er einfach nach oben weiter. Wird häufig zur Dünenbefestigung angepflanzt.

Ohrenqualle

Aurelia aurita (oben links)

> ein Tier wie Wackelpudding
> oft in Massen angespült
> für Menschen harmlos

Merkmale Bis 30 cm große Tiere, gleichen durchsichtigen Regenschirmen. Ihr Mund auf der Unterseite ist von vier kräftigen Fangarmen und zahlreichen, dünnen Tentakeln umgeben. **Vorkommen** Häufig in Nord- und Ostsee. **Lebensweise** Schwimmt frei im Meer und lähmt mit Nesselzellen auf ihren Tentakeln kleine Fische und Meerestierchen. Mit ihren Armen fängt sie die gelähmten Opfer. **Wissenswertes** Unangenehm für Badende sind Begegnungen mit ihrer Verwandten, der rotbraunen Feuerqualle (*Cyanea capillata*). Ihre Tentakel werden bis zu 10 m lang und verursachen Verbrennungen auf der Haut.

Dickhörnige Seerose

Urticina felina (oben rechts)

> gefräßiges Blumentier
> für Menschen harmlos
> häufig in Felstümpeln

Merkmale Keine Pflanze, sondern ein »Raubtier«! Bis 15 cm hoch und wie ein kleiner Baum gewachsen. Die mehr als 150 »Äste« sind mit Nesselzellen besetzte Fangarme. An ihrem Grund liegt der Mund. Färbung rot, grün, gelb oder blau, auch gemustert. **Vorkommen** Auf felsigen Gründen in Nord- und Ostsee. Oft in zeitweise trockenfallenden Tümpeln der Gezeitenzone. **Lebensweise** Fängt mit den Tentakeln Würmer, Muscheln und Krebse. **Wissenswertes** Oft in Meeresaquarien gezeigt.

Wellhornschnecke

Buccinum undatum (Mitte)

> Schnecke mit langem Rüssel
> bis 10 cm groß
> »Müllabfuhr des Meeres«

Merkmale Bis 10 cm groß, weißliches oder graugelbliches Gehäuse, dessen letzte Umdrehung sehr groß ist. Die Schnecke selbst ist weiß mit schwarz gesprenkeltem Fuß. **Vorkommen** In Nord- und Ostsee vom Flachwasser bis in 100 m Tiefe. **Lebensweise** Frisst Aas, aber auch lebende Tiere. Stößt dazu ihren langen, ausstülpbaren Rüssel zwischen Muschelschalen. Mit einer Raspelzunge am Rüsselende schabt sie die Muscheln leer. **Wissenswertes** Im Spülsaum findet man oft ihre leeren Eiballen.

Gemeine Strandschnecke

Littorina littorea (unten links und rechts)

> dickwandige Häuser
> oft in Massen an Felsen
> essbar

Merkmale 2–4 cm groß, dickes, zugespitztes Gehäuse. Graugrün, gelblich oder bräunlich mit helleren Längsstreifen. **Vorkommen** An sandigen und felsigen Küsten von Nord- und Ostsee. **Lebensweise** Raspelt mit ihrer Zunge Algenbeläge von der Oberseite von Steinen ab. Kann mit einer Hornplatte ihr Haus verschließen und übersteht so auch längeres Trockenfallen. **Wissenswertes** Die Schnecke ist essbar, das wussten schon unsere Vorfahren: Ihre Schalen fand man an steinzeitlichen Kochplätzen.

Schiffsbohrwurm

Teredo navalis (oben links und rechts)

> eine Muschel, die bohrt
> frisst Holz
> zerstört hölzerne Schiffe und Stege

Merkmale Etwa 20 cm lange Muschel (kein Wurm!), deren Schale nur noch aus zwei winzigen, etwa 1 cm langen Resten besteht. **Vorkommen** Lebt in jeder Art von Holz, das im Meereswasser mit einem Salzgehalt von 9–35‰ liegt, steht oder schwimmt. **Lebensweise** Ihre zwei kleinen Schalen sind so konstruiert, dass sich die Muschel damit regelrecht in Holz hineinbohren kann. Die Holzspäne dienen dem genügsamen Tierchen als Nahrung. Sie gräbt sich so bis zu 60 cm tiefe Gänge, die sie mit einer Kalkschicht auskleidet. Den Eingang kann sie mit kleinen Kalkplatten verschließen und überlebt so auch längere Trockenzeiten. **Wissenswertes** Der Schiffsbohrwurm richtet verheerende Schäden (von außen oft nicht sichtbar) an Hafenmolen und Schiffen an.

Essbare Miesmuschel

Mytilus edulis (Mitte)

> blauschwarz bis violett
> bildet Miesmuschel-Bänke
> eine nicht ungiftige Delikatesse

Merkmale Meist 6–8 cm große, blauschwarze bis violette Muschel, glänzt innen wie Perlmutt. **Vorkommen** In großen Kolonien auf dem Meeresboden von Nord- und Ostsee. **Lebensweise** Die Muscheln heften sich mit sehr klebrigen Fäden am Untergrund fest. So bilden sie, über- und untereinander liegend, riesige Muschelbänke aus Abertausenden von Tieren. Sie filtrieren pausenlos das Wasser durch und ernähren sich von darin schwebenden, winzigen Teilchen. Ihre Eier und Samen geben sie einfach ins Wasser ab. Aus den befruchteten Eiern schlüpfen winzige Schwimmlarven, die sich wieder festsetzen. **Wissenswertes** Miesmuscheln sind leckere und begehrte Speisemuscheln. Da sie aber nicht nur Wasser filtrieren, sondern auch darin gelöste, giftige Schwermetalle anreichern, sollte man sie nicht zu häufig essen.

Amerikanische Scheidenmuschel

Ensis directus (unten)

> Schalen wie eine Messerscheide
> kann schwimmen und graben
> aus Amerika eingewandert

Merkmale Meist bis 16 cm lange Muschel. **Vorkommen** In Sandböden der Nordsee (und in der westlichen Ostsee). **Lebensweise** Sie ist bei weitem nicht so unbeweglich, wie man sich eine Muschel vorstellt. Mit ihrem muskulösen Fuß vermag sie sich flink im Sand einzugraben und wenn sie ihre Schalen heftig bewegt, schwimmt sie sogar im Wasser. Sie lebt senkrecht eingegraben im Sand, so dass nur noch eine Art Schnorchel herausschaut. Damit saugt sie Wasser ein, filtert Nahrungspartikel heraus und prustet das Restwasser wieder heraus. **Wissenswertes** Die Amerikanische Scheidenmuschel stammt ursprünglich aus Nordamerika und ist wahrscheinlich in den 1970er-Jahren mit Schiffen nach Europa gelangt. Hier konnte sie schnell Fuß fassen und ist heute regelmäßig an der Nordsee zu finden.

Europäische Auster

Ostrea edulis (oben)

> Delikatesse
> lebt in großen Kolonien
> in Muschelfarmen gezüchtet

Merkmale 10–15 cm große, fast kreisrunde, sehr dicke Schalen mit kräftiger Riffelung. Schmutzig weiß bis graubraun gefärbt, gelegentlich auch rötlich. **Vorkommen** Braucht einen Salzgehalt von mindestens 19‰ und kommt daher bei uns nur in der Nordsee vor, nicht aber in der Ostsee. **Lebensweise** Austern leben festgeheftet an Steinen oder Pfählen. Die kleinen Larven schwimmen kurz umher und setzen sich dann fest. **Wissenswertes** Um sich fortzupflanzen, brauchen Austern im Sommer Wassertemperaturen von mehr als 15°C. So werden sie in unseren Gewässern meist nicht geschlechtsreif. Deshalb werden Larven importiert und in Muschelfarmen ausgesetzt. Es gibt aber auch kleinere, natürliche Bestände. Die meisten natürlichen Austernbänke der Nordsee wurden durch Überfischung und Verschmutzung vernichtet.

Essbare Herzmuschel

Cerastoderma edule (Mitte)

> »springt« einen halben Meter
> atmet über Schnorchel
> essbar

Merkmale Ihre Schalen werden etwa 5 cm groß, sie kann gräulich weiß, gelblich, aber auch bläulich gefärbt sein. **Vorkommen** Sehr weit verbreitet, da sie auch in brackigem Wasser leben kann. Bei uns häufige Muschel in Nord- und Ostsee. **Lebensweise** Lebt eingegraben in sandigen und schlammigen Böden. Streckt zwei Schnorchel ins Wasser: einen zum Wasser-Einsaugen, einen zum Herausprusten. Zwischenzeitlich entzieht sie dem Wasser Sauerstoff und filtert Nahrungspartikelchen heraus. **Wissenswertes** Die Muschel besitzt einen muskulösen Fuß, den sie aus der Schale herausstreckt. Stemmt sie sich damit in den Boden und stößt sich mit einem Ruck ab, springt sie bis zu einem halben Meter weit.

Gemeiner Tintenfisch

Sepia officinalis (unten)

> sehr intelligent
> Schnabel papageiartig
> spritzt Tinte

Merkmale Bis 60 cm langer Tintenfisch, der am Kopf zehn Arme hat: zwei lange und acht kurze. Sie sind mit kräftigen Saugnäpfen ausgestattet. Der Rest des Körpers ist nur ein schlaffer Sack mit einem Flossensaum am Rand. Wird bis zu 5 kg schwer. **Vorkommen** In der Nordsee auf sandigem Grund und zwischen Seegräsern. **Lebensweise** Geht nur nachts auf Jagd. Greift mit seinen Fangarmen Fische, Krebse sowie Muscheln, während eine Art Papageischnabel am Grund der Arme Stücke aus dem Opfer reißt. Er entflieht selbst Feinden, indem er schwarze Tinte verspritzt (Name!). **Wissenswertes** Tintenfische sind keine Fische, sondern eher »Tintenschnecken«, denn sie gehören in die Verwandtschaft der Schnecken und Muscheln. Außerordentlich leistungsfähig ist ihr hochentwickeltes Nervensystem, weshalb die Tiere als sehr intelligent gelten.

Gemeine Seepocke

Semibalanus balanoides (oben links)

> **› gut verpackte Krebschen**
> **› Spritzwasser genügt zum Leben**
> **› häufig an Steinmolen**

Merkmale 0,5–1,5 cm große Krebse von ungewöhnlicher Gestalt: Ihr ganzer Körper ist in einem Berg aus sechs weißlich grauen Kalkplatten verborgen, nur ihre Arme gucken heraus. **Vorkommen** In Nord- und Ostsee häufig. **Lebensweise** Lebt festgeheftet auf Gegenständen im Wasser, sogar auf Tieren wie Walen. Am Ufer wird sie oft nur vom Spritzwasser erreicht, selbst das genügt ihr zum Leben. Frisst Schwebteilchen, die an den Fangarmen hängen bleiben. **Wissenswertes** Seepocken überstehen Trockenzeiten, indem sie ihren Kalkpanzer dicht machen.

Nordseegarnele

Crangon crangon (oben rechts)

> **› bekannt als »Krabbensalat«**
> **› mit Krabbenkuttern gefischt**
> **› nur nachts aktiv**

Merkmale Bis 7 cm großer, länglicher, durchsichtiger Krebs mit krebstypischem, gepanzertem Körper. **Vorkommen** In Flachwassergebieten von Nord- und Ostsee. **Lebensweise** Ruht tagsüber kaum sichtbar am Meeresboden, geht nur nachts auf Beutefang. Jagt Würmer, Schnecken und kleine Krebse. **Wissenswertes** Ein typischer Anblick an der Nordsee sind die Krabbenkutter mit ihren Schleppnetzen. Sie fangen ausschließlich Nordseegarnelen (»Krabben«). Die großen Weibchen werden als »Nordseekrabben« verkauft, die kleinen Männchen zu Fischmehl verarbeitet.

Gemeiner Einsiedlerkrebs

Pagurus bernhardus (Mitte)

> **› lebt in Schneckenhäusern**
> **› zieht regelmäßig um**
> **› mit mächtigen Scheren**

Merkmale Etwa 10 cm großer, gelboranger Krebs, der in Schneckenhäusern wohnt und diese stets mit sich herumschleppt. Darin verbirgt er seinen weichhäutigen Hinterleib. Aus dem Haus ragen Kopf, Vorderbeine und die mächtigen Scheren. **Vorkommen** Auf Sand- und Felsböden in Nord- und Ostsee. **Lebensweise** Fängt Schnecken, Würmer und andere Kleintiere, frisst auch Aas. **Wissenswertes** Wird sein Schneckenhaus zu klein, krabbelt er in ein nächstgrößeres hinein.

Gemeine Strandkrabbe

Carcinus maenas (unten)

> **› immer im Seitwärtsgang**
> **› knackt Muscheln**
> **› gräbt sich bei Ebbe ein**

Merkmale Etwa 8 cm großer Krebs mit fünf Beinpaaren und breitem Rückenpanzer, der am Vorderrand gezähnelt ist. Das erste Beinpaar trägt Kneifscheren. **Vorkommen** Auf Sand- und Felsböden in der Nordsee, auch in der westlichen Ostsee. Häufig auf Muschelbänken. **Lebensweise** Bei Ebbe vergräbt sie sich im Meeresboden oder versteckt sich in Felsnischen. Erbeutet bei Flut Fische, Muscheln und Krebse, frisst auch Aas. **Wissenswertes** Wandert nachts auf der Suche nach Fressbarem über den Strand.

Wattwurm

Arenicola marina (oben)

> Charakterwurm des Watts
> frisst Sand
> hinterlässt »Sandwürstchen«

Merkmale Bis 30 cm langer, kräftiger, rotbrauner, geringelter Wurm. **Vorkommen** In der Nordsee sowie in der westlichen Ostsee. **Lebensweise** Lebt unterirdisch in selbst gegrabenen Wohnröhren. Eigentlich sieht man nur das, was er an charakteristischen Lebensspuren auf dem Wattboden hinterlässt: Häufchen aus gedrehten Sandwürstchen (sein Kot) und daneben ein Loch im Wattboden. Das Loch ist ein Fraßtrichter: Darunter frisst der Wurm Sand oder Schlick, er lebt ähnlich wie unser Regenwurm im Garten von den im Sand vorhandenen Nährstoffen. Da, wo der Kothaufen liegt, kommt er regelmässig nach oben, um die unverdaulichen Reste auszuscheiden. **Wissenswertes** Die »Sandwürstchen« des Wattwurms bedecken riesige Flächen des Wattenmeeres.

Essbarer Seeigel

Echinus esculentus (Mitte)

> gefürchtete Stachelkugeln
> häufig an Hafenmolen
> weidet Felsen ab

Merkmale Bis 16 cm groß, meist aber deutlich kleiner. Violett, sehr stachelig und rund mit flacher Unterseite, hier befindet sich die Mundöffnung mit kräftigen Zähnen. **Vorkommen** In der Nordsee in Seegraswiesen, auf Felsböden, Algen und Steinen. **Lebensweise** Bewegt sich mit zahlreichen, winzigen Saugnäpfchen fort, die zwischen den Stacheln hervorragen. So weidet er gemächlich Algen und kleine, festsitzende Tierchen von Pflanzen und Steinen ab. **Wissenswertes** In südlichen Ländern werden die Weichteile des Stachelhäuters gegessen (Name!). Begehrt sind seine Geschlechtsorgane, die früher sogar roh aus den Tieren herausgelutscht wurden. Auf einen Seeigel zu treten, ist äußerst schmerzhaft! Die Stacheln brechen dabei ab und injizieren ein zwar harmloses, aber brennendes Gift in die Wunde.

Gemeiner Seestern

Asterias rubens (unten links und rechts)

> hat fünf Arme und Augen
> gefräßiger Räuber
> kann Muschelschalen öffnen

Merkmale Bis zu 30 cm großes Tier von eigentümlichem Bau. Es hat 5 sternförmig angeordnete Arme mit je einem roten Augenfleck an der Spitze, der Mund liegt auf der Unterseite (rechts). **Vorkommen** Häufig in Nord- und Ostsee, gern auf Muschelbänken. **Lebensweise** Wirkt auf den ersten Blick friedlich, ist aber ein gnadenlosen Räuber. Stülpt sich über seine Opfer, oft Muscheln, und zieht mit seinen Saugnäpfen unter den muskulösen Armen oft stundenlang die Schalen auseinander. Kann die Muschel dem Dauerzug nicht mehr standhalten, stülpt er seinen Magen in sie hinein und verdaut ihr Inneres. **Wissenswertes** Seesterne sind wegen ihrer Gefräßigkeit keine gern gesehenen Tiere auf Muschelbänken. Auch in den Fischereinetzen machen sie sich flink über die gefangenen Fische her.

Hering

Clupea harengus (ganz oben)

> schlank und silberglänzend
> von Seevögeln begleitet
> bildet »Heringsberge«

Merkmale Bis zu 40 cm lang, schlank, silbrig glänzend, kurze Rückenflosse. **Vorkommen** Meeresfisch, im freien Wasser bis zu 250 m Tiefe. Bei uns in Nord- und Ostsee weit verbreitet. **Lebensweise** Schwarmfisch. Frisst winzige Krebschen, Schnecken und Fischlarven. Die Eier sinken zu Boden, sie bilden hier dichte Teppiche. **Wissenswertes** Als »Heringsberg« bezeichnet man riesige Schwärme aus Tausenden Tonnen Fisch. Sie werden häufig von Tausenden hungriger Seevögel begleitet.

Dorsch, Kabeljau

Gadus morhua (Mitte oben)

> typisch: der Bartfaden
> »Dörrfisch«
> färbt sich passend zur Umgebung

Merkmale Wird bei uns etwa 80 cm lang. Je nach Wohngebiet unterschiedlich gefärbt, meist grünlich, rötlich oder bräunlich gefleckt. Kräftiger Bartfaden. **Vorkommen** Meeresfisch, bei uns in Nord- und Ostsee. **Lebensweise** Sowohl in Küstennähe als auch weit draußen im offenen Meer. Lebt am Meeresgrund, wo er mit dem Bartfaden Krebse, Würmer, Schnecken, Muscheln und Fische aufspürt. **Wissenswertes** Dorsch bedeutet »Dörrfisch«, seit den Tagen der Wikinger sind getrocknete Dorsche (»Stockfisch«) die Lebensgrundlage nordischer Völker.

Aalmutter

Zoarces viviparus (Mitte unten)

> ist kein Aal
> in flachen Küstengewässern
> »Gebärfisch«

Merkmale Bis zu 50 cm lang, aalförmig, hinten spitz zulaufend, an Bauch und Rücken mit langen Flossensäumen. **Vorkommen** In flachen Küstengewässern, meist in 4–10 m Tiefe. Bei uns in Nord- und Ostsee. **Lebensweise** Lebt als Grundfisch in Seegraswiesen und im Brackwasser an Flussmündungen. Frisst Würmer, kleine Krebse, Muscheln, Schnecken und Fische. **Wissenswertes** Diese Fische legen keine Eier (»Gebärfische«). Nach einer Tragzeit von vier Monaten bringen Aalmuttern bis zu 400 aalartige Junge zur Welt (Name!). Sie sind etwa 0,5 cm groß und leben als Grundfische am Boden.

Roter Knurrhahn

Trigla lucerna (ganz unten)

> rot mit gepanzertem Kopf
> knurrt dumpf
> »läuft« am Meeresgrund

Merkmale Bis zu 60 cm großer Fisch mit gepanzertem Kopf, oben rotbraun, an den Körperseiten orange. **Vorkommen** Bei uns in der Nordsee in 5–300 m Tiefe. Jungfische häufig in Küstennähe an Flussmündungen. **Lebensweise** Meist als Bodenfisch am Meeresgrund, aber auch im freien Wasser, springt bisweilen weit aus dem Wasser. Frisst Fische und kleine Krebse. Knurrt hauptsächlich zur Paarungszeit. **Wissenswertes** Läuft mit seinen fingerartigen Bauchflossen auf dem Boden und ertastet Beutetiere.

Dicklippige Meeräsche

Chelon labrosus (oben)

> dicke Oberlippe
> von den Kanaren bis zur Nordsee
> in flachen Küstengewässern

Merkmale Schlanker, bis zu 60 cm großer Fisch mit plattem Kopf und dicker, warziger Oberlippe. **Vorkommen** Sommergast in flachen Küstengewässern der Nord- und Ostsee, auch im Brackwasser der Flussmündungen. **Lebensweise** Schwarmfisch, der gern über weichem Grund mit reichhaltiger Vegetation nach Nahrung sucht. Das sind Algen und kleine Bodentiere wie Schnecken, Krebschen und Würmer. Die Jungfische leben dicht unter der Wasseroberfläche, wo sie winzige Organismen (Plankton) aus dem Wasser filtern. **Wissenswertes** Lebt bevorzugt in gemäßigten Meeren vor der westafrikanischen Küste, den Kanarischen Inseln, Madeira und den Azoren. Im Sommer wandern die lebhaften Schwarmfische in Richtung Norden zu uns und bis an die skandinavischen Küsten.

Steinbutt

Psetta maxima (Mitte)

> rund mit schiefem Maul
> liegt platt am Boden
> geschätzter Nutzfisch

Merkmale Bis zu 1 m großer, fast kreisrunder, flacher Fisch mit schiefem Gesicht. Je nach Aufenthaltsort unterschiedlich gefärbt und dadurch vorzüglich getarnt. **Vorkommen** Nordsee und westliche Ostsee in 20–70 m Tiefe. **Lebensweise** Am Boden, frisst hauptsächlich andere Grundfische. Die Jungen leben in flachen Küstengewässern. **Wissenswertes** Plattfische haben ihre Körperform in erstaunlicher Weise an das Leben am Meeresgrund angepasst: Ihre eine Körperhälfte (nicht der Bauch!) liegt am Boden, dadurch musste ein Auge zwangsläufig »nach oben wandern« und auch ein Teil der Mundöffnung. So entsteht das schiefe Gesicht der Plattfische. Ihre Jungen sehen noch aus wie normale Fische, erst später, wenn sie 12–13 mm lang sind, wandern Auge und Mundöffnung nach oben.

Scholle

Pleuronectes platessa (unten)

> rot gepunktet
> »Goldbutt«
> geschätzter Speisefisch

Merkmale Meist 25–40 cm großer, ovaler Plattfisch (selten bis zu 90 cm) mit dem typischen, schiefen Gesicht. Färbung graubraun mit roten oder orangefarbenen Punkten. Wiegt bis zu 7 kg. **Vorkommen** Bei uns in Nord- und Ostsee vom Flachwasser bis in 200 m (meist 10–20 m) Tiefe. Meist auf sandigem Grund. **Lebensweise** Vorzugsweise nachtaktiv, dann auch im flachsten Wasser von Lagunen und Flussmündungen. Frisst Krebse, Würmer und dünnschalige Muscheln. Kann sich nahezu unsichtbar machen, indem sie ihren Körper durch kräftige Flossenschläge mit Sand und Steinchen bedeckt. Im Wattenmeer findet man Schollen bei Ebbe (Niedrigwasser) häufig in überbleibenden Wasserrinnsalen. **Wissenswertes** Die Scholle (»Goldbutt«) ist einer der wichtigsten Nutzfische, der europäische Jahresfang beträgt 100 000 bis 120 000 Tonnen.

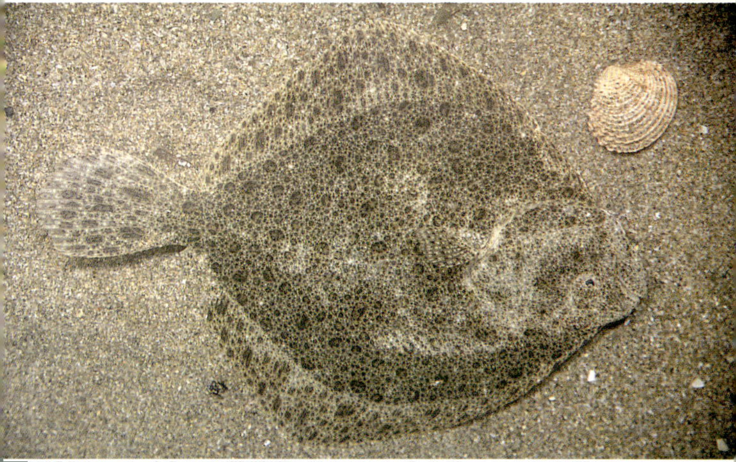

Weißwangengans, Nonnengans

Branta leucopsis (oben)

> weißes Gesicht
> Familien überwintern
> auf Salzwiesen und Weiden

Merkmale Mittelgroße, schwarzweiße Gans. **Vorkommen** Brutvogel der arktischen Tundra, bei uns hauptsächlich als Wintergast von Oktober bis April im Wattenmeer. **Lebensweise** Frisst bei uns auf Salzwiesen des Wattenmeeres, aber auch auf Weiden und Äckern. Ruheplätze auf Sandbänken und im Watt. **Wissenswertes** Da die Weltpopulation sich im Winter auf Quartiere im europäischen Wattenmeer konzentriert, spielen unsere Küsten eine wichtige Rolle zum Schutz der hochnordischen Gänse.

Ringelgans

Branta bernicla (Mitte links)

> Wintergast an der Küste
> oft in großen Scharen
> ruft »rott-rott« (»Rottgans«)

Merkmale Kleinste (nur stockentengroße), dunkelste Gans mit weißem »Heck« und weißen Halbmondflecken an den Halsseiten. **Vorkommen** Als Brutvogel fast zirkumpolar an seenreichen Küsten des hohen Nordens, bei uns als Durchzügler und Wintergast von Oktober bis Mai im Wattenmeer. **Lebensweise** Brütet koloniewеise in der Tundra, lebt auf dem Zug und im Winter von Seegräsern, Queller und Algen. **Wissenswertes** Bei Ebbe sieht man Ringelgans-Scharen in langen Ketten ins Watt zum Fressen fliegen, bei Flut kehren sie auf die Salzwiesen zurück.

Brandgans

Tadorna tadorna (Mitte rechts)

> auffallend bunt
> brütet in Kaninchenhöhlen
> Küken in Kindergärten

Merkmale Auffallend kontrastreich mit breitem, fuchsrotem Brustband, Männchen im Sommer mit karminrotem Schnabelhöcker. **Vorkommen** Brutvogel an Meeresküsten und Flussmündungen. **Lebensweise** Legt zwischen fünf und zwölf Eier in Höhlen, z. B. Kaninchenbauten in Dünen. Viele Jungvögel werden zusammen von wenigen Altvögeln betreut (»Kindergärten«). **Wissenswertes** Von Juli bis September versammeln sich Zehntausende Brandgänse auf bestimmten Sandbänken der Nordsee, um hier ihr Gefieder zu erneuern. Während dieser Zeit sind sie flugunfähig.

Eiderente

Somateria molissima (unten links und rechts)

> Kopf keilartig
> liefert Daunen
> schätzt frische Muscheln

Merkmale Massige, kontrastreiche Meeresente (Männchen links, Weibchen rechts), größer als Stockente, keilförmiger Schnabel. **Vorkommen** Brutvogel der Küsten, im Winter bei uns zusätzlich zahlreiche Gäste auf Nord- und Ostsee. **Lebensweise** Ernährt sich von Muscheln und Krebsen. Taucht dabei bis zu 20 m (meist bis zu 6 m). **Wissenswertes** Berühmt ist sie wegen ihrer hochwertigen Daunen, mit denen sie ihr Nest auspolstern. Zum Gefiederwechsel sammeln sich Tausende Eiderenten an traditionellen Plätzen im Wattenmeer.

Austernfischer

Haematopus ostralegus (oben)

> frisst keine Austern
> ruft lautstark »kliieep!«
> wird über 35 Jahre alt

Merkmale Etwa krähengroß. Unverwechselbar durch schwarzweißes Gefieder mit langem, rotem Schnabel und Beinen. **Vorkommen** Häufiger Brutvogel unserer Küsten, auch binnendeichs auf Wiesen und Weiden. **Lebensweise** Bodennest mit drei Eiern. Zur Nahrungssuche stochert er mit seinem langen Schnabel im Watt nach Mies- und Herzmuscheln (nicht nach Austern!), Krebsen und Würmern. Nachbarn grenzen ihre Reviere mit gesenkten Köpfen und lautstarken Trillerturnieren gegeneinander ab. **Wissenswertes** Austernfischer führen mustergültige Dauerehen (bis zu 20 Jahre nachgewiesen) und brüten über viele Jahre am selben Platz. Auch die Jungvögel kehren an ihren Geburtsort zurück. Außerhalb der Brutzeit versammeln sie sich zu großen Trupps.

Säbelschnäbler

Recurvirostra avosetta (Mitte)

> aufwärts gebogener Schnabel
> im Seichtwasser der Küsten
> zur Brutzeit Scheinangriffe

Merkmale Überwiegend weiß mit schwarzen Abzeichen, etwa taubengroß mit langem, aufgeworfenem Schnabel und langen, bläulichen Beinen. **Vorkommen** Brütet in wenigen Zentren an der Nordseeküste. Durch die hochspezialisierte Form der Nahrungsaufnahme an seichte Gewässer in Meeresbuchten oder an Flussmündungen gebunden. **Lebensweise** Brütet in Kolonien, meist möglichst nah am Wasser. Nester aus zwei bis vier oder fünf Eiern am Boden auf Gras, Schlick oder Sand. Zur Nahrungssuche »säbeln« sie durch seichtes Wasser oder durch Schlick, dabei wird der Kopf seitwärts bewegt, der gebogene Schnabelteil leicht geöffnet. Zur Beute zählen Würmer, kleine Krebse und Insekten. **Wissenswertes** Starten während der Brutzeit Scheinangriffe auf potenzielle Nesträuber.

Seeregenpfeifer

Charadrius alexandrinus (unten links und rechts)

> flotter Renner
> ruft weich »djet«
> an Stränden und in Dünen

Merkmale Kaum größer als Spatz, aber mit längeren Beinen. Hell sandfarben und weiß mit wenigen schwarzen Flecken an Kopf und Hals. **Vorkommen** Brutvogel an sandigen Lebensräumen der Küste. **Lebensweise** Legt drei Eier in eine schlichte kleine Sandmulde ohne Nistmaterial. Männchen (links) und Weibchen (rechts) brüten abwechselnd. Die Küken verlassen das Nest bald nach dem Schlupf (Nestflüchter) und werden noch vier bis sechs Wochen von beiden Elternteilen geführt. **Wissenswertes** Während der Brutzeit locken die Altvögel Bodenfeinde in Nestnähe durch auffälliges Verhalten vom Nest fort: Entweder sie flitzen blitzschnell fort oder sie stellen sich verletzt und torkeln umher, um dann, kurz bevor sie erhascht werden, munter und schnell fortzufliegen. Seeregenpfeifer leiden wie wohl kaum ein anderer Vogel unter dem sommerlichen Badebetrieb an den Stränden.

Alpenstrandläufer

Calidris alpina (oben links und rechts)

> lebt nicht in den Alpen
> Watvogel der Nordsee
> bildet große Vogelwolken

Merkmale Etwa starengroß mit langem Schnabel. Zur Brutzeit (links) unverkennbar mit auffälligem, schwarzem Bauchfleck. Im Winter (rechts) unten weiß und dann nicht leicht von anderen Strandläufern zu unterscheiden. **Vorkommen** Als Brutvogel auf Strandrasen und Weiden bei uns eher selten. Zur Zugzeit aber in riesigen Scharen im Wattenmeer der Nordsee. **Lebensweise** Außerhalb der Brutzeit auf festen und feuchten Schlickflächen im Wattenmeer und an Flussmündungen. Hier lebt er von Würmern, Schnecken, Muscheln und kleinen Krebsen. **Wissenswertes** Zur Zugzeit einer der häufigsten Watvögel an der Nordsee. Oft ist er mit anderen Strandläufern wie dem Knutt vergesellschaftet und verdunkelt dann zu Hunderttausenden den Himmel über dem Watt.

Rotschenkel

Tringa totanus (Mitte)

> ist die »Stimme der Küste«
> »jodelt« im Gleitflug
> sitzt auf Zaunpfählen

Merkmale Etwas größer als eine Amsel, mit langen, roten Beinen und langem roten Schnabel mit schwarzer Spitze. Beim Auffliegen wird ein weißer Rückenkeil sichtbar und der breite, weiße Flügelhinterrand. Rotschenkelrufe zählen zu den häufigsten Vogelstimmen an der Küste. **Vorkommen** In küstennahen Grasländern mit nicht zu hohem Pflanzenwuchs und feuchten Nahrungsgebieten in der Nähe. **Lebensweise** Der Rotschenkel legt seine vier Eier in ein Bodennest, das gut in der Vegetation versteckt liegt. Er ernährt sich von kleinen Würmern, Krebsen und Muscheln. Zur Zugzeit in großen Trupps im Wattenmeer. **Wissenswertes** Fällt bei Spaziergängen an der Küste sofort auf mit seinen durchdringenden Jodlern »dahiddlahiddlahidl...«, flötenden Rufen »tjü-dü-dü« und harten Warnrufen »chip-chip«.

Flussseeschwalbe

Sterna hirundo (unten)

> graziler Stoßtaucher
> Langstreckenzieher
> brütet in Kolonien

Merkmale Etwas kleiner, vor allem aber zierlicher und eleganter als eine Lachmöwe. Mit langen, spitzen Flügeln und langem, gegabeltem Schwanz. Typisch sind die durchdringenden »kriiieeää«-Rufe. **Vorkommen** An flachen Küsten wie dem Wattenmeer und an Flussmündungen. **Lebensweise** Brütet in Kolonien von wenigen bis mehreren tausend Brutpaaren auf ungestörten Sandbänken und Inseln der Küste. Typisch sind ihre langsamen Suchflüge über dem Meer: Hat die Flussseeschwalbe einen Fisch erspäht, stößt sie pfeilschnell senkrecht nach unten ins Wasser. **Wissenswertes** Hält gemeinsam mit der sehr ähnlichen Küstenseeschwalbe den Rekord unter den Zugvögeln: Jedes Jahr im Frühling geht es vom Südzipfel der Erde bis in die arktischen Brutgebiete und im Herbst wieder zurück.

Lachmöwe

Larus ridibundus (oben links und rechts)

> häufigste Möwe im Binnenland
> in Städten futterzahm
> Brutkolonien an Süßgewässern

Merkmale Etwa so groß wie eine Haustaube, aber schlanker. Trägt im Brutkleid (ab Frühjahr, links) eine schokoladenbraune Kapuze (wirkt von weitem schwarz). **Vorkommen** Bei uns die häufigste Möwe des Binnenlandes, aber auch an der Küste. Brutkolonien befinden sich im Flachwasser-Bereich an Seen und Flüssen. Zur Nahrungssuche weit davon entfernt auf Wiesen, Äckern, in Städten und sogar an Mülldeponien. **Lebensweise** Brutkolonien umfassen meist zehn bis 100 Paare. Feinde werden hier gemeinsam vertrieben. Die Nahrung ist vielseitig: Zur Brutzeit hauptsächlich Regenwürmer, Käfer, Krebse und Aas von Kleintieren, im Winter auch vielfach Abfälle. **Wissenswertes** Kulturfolger des Menschen, der vom zunehmenden Ackerbau und von Mülldeponien profitiert.

Silbermöwe

Larus argentatus (Mitte)

> Großmöwe
> an Schiffen und in Häfen
> klagt »aau-aau-kjau-kjau-kjau«

Merkmale So groß wie ein Bussard, weiß und hellgrau gefärbt mit gelbem Schnabel und rosafarbenen Beinen. Junge Möwen sind graubraun gefleckt. **Vorkommen** Häufigste Großmöwe an unseren Küsten. Folgt Schiffen und sitzt häufig in Fischereihäfen auf Pollern. **Lebensweise** Brütet auf Strandwiesen, in Dünen und auf Felsen. Lebt von Fischen und Fischereiabfällen, Krebsen, Würmern sowie von Eiern und Jungvögeln anderer Seevögel. Im Winter oft zur Nahrungssuche in Häfen und auf Müllplätzen. **Wissenswertes** Anpassungsfähige und ideenreiche Möwe, die sich das jeweils günstigste Nahrungsangebot herausgreift: Fische, Brot oder Abfälle – notfalls räumt sie auch die Nester ihrer Brutnachbarn leer. Gibt es auch da nichts mehr zu holen, fastet sie kurzfristig.

Seehund

Phoca vitulina (unten)

> Junge sind Heuler
> ruht auf Sandbänken
> guter Taucher

Merkmale Graue Robbe mit rundem Kopf und kurzer Schnauze. Bei Abwesenheit der Mutter »heulen« die Jungen. **Vorkommen** In ruhigen Küstengewässern der Nordsee mit Sandbänken. **Lebensweise** Seehunde können bis zu 100 m tief und 30 Minuten lang tauchen. Dabei erbeuten sie in Küstennähe lebende Fische, Muscheln und Krebse. Zwischen April und Juli bringen sie ihre Jungen auf einsamen Sandbänken zur Welt und säugen sie dort noch etwa sechs Wochen lang. **Wissenswertes** Wie menschliche Säuglinge haben auch junge Seehunde in den ersten Wochen nach der Geburt einen empfindlichen Bauchnabel. Werden sie durch Schaulustige oder Wassersportler gestört, führt das fluchtartige Robben über den Sand oft zu Entzündungen und nicht selten zum Tod. »Heulende« Jungseehunde bitte nicht berühren. Meist kehrt die Mutter zurück, sobald der Mensch außer Sicht ist.

› Dachsbau mit Rutsche
In Wäldern. Mehrere Meter tiefe Bauten auf verschiedenen Etagen mit vielen Ausgängen. Eingang ca. 30 cm Durchmesser. Typisch: »Rutsche« am Haupteingang.

› Kaninchenbau
In sandigem Gelände, oft in Dünen. Höhleneingang 10–15 cm Durchmesser. Jede Tier gräbt seinen eigenen Eingang, alle münden in den gemeinsamen Wohnrau

› Wühlmausloch
Auf Feldern, kurzrasigen Wiesen, in Gärten. Höhleneingang etwa 3,5 cm Durchmesser. Wühlmäuse haben weit verzweigte Gangsysteme, die durch oberirdische Wege miteinander verbunden sind.

› Maulwurfshügel
Auf Wiesen mit lockerer Erde und in Gärten. Erdhügel meist 10–20 cm Durchmesser. Unter besonders großen Hügeln (bis zu 50 cm Durchmesser) liegen die Sommer- oder Winternester.

› Spechthöhle
In Wäldern. Höhleneingang je nach Art 5–7 cm (Buntspecht) oder 7–12 cm (Schwarzspecht). Spechte zimmern ihre Höhlen in morsche Baumstämme.

› Wespennest
In Baumhöhlen, auf Dachböden, in Schuppen. Bis zu 1 m Durchmesser. Wespen bauen Nester aus Papier, indem sie Holz durchkauen und mit Speichel zusammenkleben.

› Hornissennest
Papiernester aus durchgekauten Holzfasern in lichten Wäldern und Gärten, in Baumhöhlen, auf Dachböden oder in Vogel-Nistkästen, bis 60 cm Höhe. Reicht der Platz nicht, wird draußen angebaut.

› »Kuckucksspeichel« oder »Hexenspucke«
Auf Wiesen an Stängeln. In dem 1–2 cm großen Schaumgebilde lebt die kleine Larve der Schaumzikade. Sie saugt Pflanzensäfte und schäumt diese mit Luft auf. Der Schaum schützt vor Feinden.

› Gewölle einer Eule
In Wäldern, oft unter Bäumen. Ca. 5 cm lange, walzenförmige Gebilde. Von Eulen ausgespuckte, unverdauliche Nahrungsreste wie Haare, Federn, Knochen.

› Fuchskot
In Wald und Wiese. Wurstförmig, 5–8 cm lang, an einem Ende abgerundet, am anderen spitz ausgezogen. Im Herbst oft blau, da Füchse gern Blaubeeren fressen.

› Kaninchenkot
In Dünen und auf Wiesen. Kügelchen von 5–7 mm Durchmesser. Kotpillen des Hasen etwas größer, nur vereinzelt. Kaninchenlosung liegt stets in größeren Mengen in der Nähe der Baue herum.

› Rupfung eines Greifvogels
In Wäldern. Dass hier ein Greifvogel und kein Raubsäuger am Werk war, erkennt man an den heilen, nur herausgezupften Federkielen. Säugetiere beißen dagegen die Federn ab.

› Abgefressene Fichtenzapfen
In Wäldern und Parks. Bei Eichhörnchen sind sie ausgefranst und nur an der Spitze unversehrt. Von Mäusen angenagte Zapfen sehen »ordentlich« aus.

› Aufgespießte Insekten
In dornigen Hecken. Hier war ein Vogel am Werk: Der Neuntöter hat die Eigenart, Insekten, die er nicht sofort verzehrt, als Vorrat auf Dornen aufzuspießen.

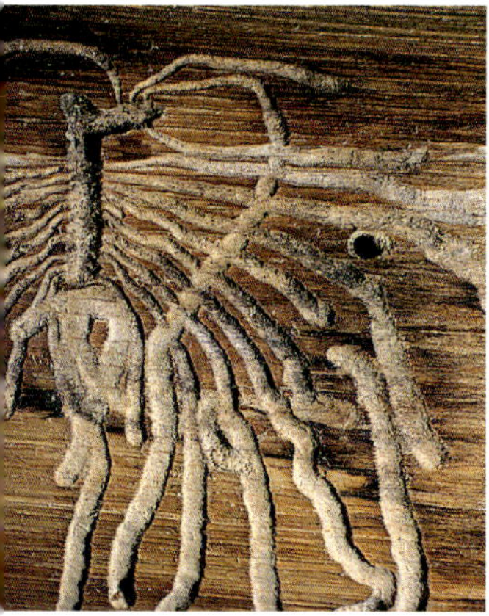

› Borkenkäfer-Fraß am Baumstamm
Borkenkäfer-Weibchen nagen eine längliche Brutkammer für ihre Eier unter die Baumrinde. Die Larven fressen sich senkrecht zu der Kammer durchs Holz. So entstehen die typischen Fraßbilder.

› Eichenbockkäfer-Fraß in Baumrinde
Fingerdicke Gänge in alten Eichen. Die wurmähnlichen Larven des Eichenbockkäfers fressen sich zunächst durch die Baumrinde und dann tiefer ins Holz hinein, bis es völlig durchlöchert ist.

› Gallapfel an Eichenblatt
Kirschengroß, grün oder rötlich, hervorgerufen durch Gallwespen, die ihre Eier ins Blattgewebe stechen. Die Larven wachsen in der Galle heran.

› Schlafapfel an Rose
Mehrere Zentimeter groß, rot, an Zweige von Wildrosen. Der »Schlafapfel« ist ein Abwehrreaktion der Rose, wenn Gallwespen ihre Eier ins Pflanzengewebe legen.

› Gallen auf Buchenblatt
Etwa 0,5–1 cm große Gebilde auf der Oberseite von Buchenblättern, hervorgerufen durch die Buchengallmücke, die ihre Eier ins Blattgewebe legt. Die Larven wachsen in der Galle heran.

› Ananasgalle
Pflaumengroßes, Ananas-artiges Gebilde auf Fichten, hervorgerufen durch die Fichtengall-Laus, die an den Nadeln saug die dann zu einer Galle zusammenwachsen. In der Galle leben die Larven.

› Gallen auf Lindenblatt
0,5–1,5 cm große Gewebewucherung auf Lindenblättern. Entsteht durch die ins Blattgewebe gelegten Eier der Gallmilbe. In ihr wachsen die Larven.

› Fraßspur einer Zwergmotten-Raupe
Die 2–7 mm kleinen Zwergmotten legen ihre Eier an Blätter; ihre Raupen fressen sich durchs Blattgewebe. So entstehen die weißlichen, gewundenen Gänge (Minen).

› »Hexenbesen« an Birke
Im Winter fallen an kahlen Birken die Vogelnest-ähnlichen »Hexenbesen« auf, die aussehen, als »hätte eine Hexe ihren Besen beim Ritt verloren«. Verursacher: im Baum lebende Schlauchpilze.

› »Hexenring«
Phänomen im herbstlichen Wald. Solche Pilzkreise entstehen durch das Wachstum der Pilze von einem Pilzgeflecht in der Mitte aus. Je einheitlicher die Wachstumsbedingungen, umso gleichmäßiger die Kreise.

› Vom Biber angenagter Baumstamm
Wo am Ufer solche Bäume zu finden sind, wohnt ein Biber. Mit dem gefällten Holz baut er Wasserburg und Staudämme, die den optimalen Wasserpegel garantieren.

› Wohnburg der Bisamratte
Wie Biber bauen auch Bisamratten gelegentlich bis zu 1 m hohe Wohnburgen in flache Uferzonen von Seen. Sie bestehen aus Schilf, Binsen und Wasserpflanzen.

› Froscheier auf dem Wasser
Bis zu 4000 Eier legt ein Grasfrosch-Weibchen im Frühjahr in den Teich. Sie schwimmen in dicken Klumpen (»Laichballen«) auf dem Wasser. Aus ihnen schlüpfen die Kaulquappen.

› Eischnüre der Erdkröte
Kröten legen ihre Eier in Teichen ab. Die Erdkröte spannt ihre 3–5 m langen Eischnüre zwischen Wasserpflanzen. Sie enthalten 3000–6000 schwarze Eier, in Zweier- oder Viererreihen angeordnet.

› **Fischeier**
Im Frühjahr findet man in Flüssen und Seen die bis zu 2 cm breiten Eischnüre vom Flussbarsch mit bis zu 200 000 Eiern. Sie liegen zwischen Wasserpflanzen.

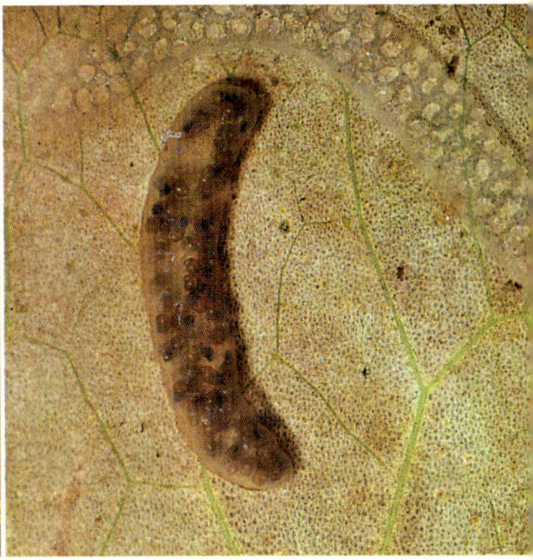

› **Schneckeneier**
Wasserlebende Schlammschnecken kleben ihre Eier an die Unterseite von Blättern. Besonders beliebt sind die großen, auf dem Wasser schwimmenden Seerosenblätter.

› **Rohrsänger**
Die Nester sind kunstfertige Gebilde der Rohrsänger. Die Vögel sind perfekt ans Leben im Schilfsaum angepasst und können sogar ihr Nest an den vertikal wachsenden Halmen aufspannen.

› **Haut von Libellenlarven**
Die leere Haut der Libellenlarve (»Exuvie«) am Schilfstängel verrät, dass hier vor kurzem eine Libelle geschlüpft ist. Aus dem wasserlebenden Tier ist nun ein Flugkünstler am Teich geworden.

› Sandhäufchen im Watt
Im Wattenmeer treffen wir bei Ebbe auf unterschiedlich große Sandhäufchen. Sie werden von bodenlebenden Würmern wie dem Wattwurm ausgeschieden.

› Sandklaffmuschel im Wattboden
Geschützt im Wattboden lebt die Sandklaffmuschel und streckt nur ihren Versorgungsschnorchel zur Oberfläche. Bei Erschütterung zieht sie ihn sofort ein.

› Bäumchen-Röhrenwurm
Der bis 5 cm große Wurm hat am Vorderende ca. 12 cm lange Tentakel. Die Wohnröhre steckt ca. 25 cm tief im Meeresboden und ragt etwa fingerlang heraus. Tarnung mit Sand oder Steinchen.

› Skelett eines Seeigels
Die zerbrechlichen, ca. 4 cm großen Kalkgebilde werden oft an den Strand gespült. Sie sind Skelette des 6 cm großen Herz-Seeigels. Darauf wachsen beim lebenden Tier zahlreiche graue Stacheln.

› Tintenfisch-Skelett
Wie kleine, bis zu 18 cm große Surfbretter liegen sie oft im Spülsaum: Es sind die kalkigen Innenskelette der Tintenfische, auch »Schulp« genannt.

› Klippenassel
Ihr begegnet man oft im Spülsaum. Die Klippenassel lebt an Land und im Meer und ist eine Verwandte der Kellerassel. In der Dämmerung weidet sie Algen von Steinen.

› Rochen-Ei
Schwarze, rechteckige, 4 x 6 cm große Gebilde mit hakenförmigen Fortsätzen an allen vier Ecken. Es sind die angeschwemmten Eier des Rochens, meist sind die Jungfische bereits geschlüpft.

› Eigelege der Wellhornschnecke
Im Spülsaum findet man häufig schwammartige, apfelgroße Klumpen. Sie bestehen aus vielen zusammengeklebten Eikapseln. Diese Eigelege stammen von der Wellhornschnecke, die Jungen sind meist geschlüpft.

› Zerfressenes Holzstück im Spülsaum
Spuren des Schiffsbohrwurms. Stammen aber von einer Muschel, die sich mit den Schalen durchs Holz pflügt, Kalk abscheidet und in den Kalkröhren lebt.

› Kalkröhren auf Steinen
Die gewundenen Kalkröhren des Dreikant-Röhrenwurms sind im Querschnitt dreieckig (Name!). Von dem 2,5 cm langen Wurm guckt nur das Vorderende heraus

› »Pelikanfuß«
Die 4 cm großen Schneckengehäuse mit dem charakteristischen »Pelikanfuß« findet man oft im Spülsaum. Die Schnecke lebt im Meeresboden und wird nach der Form ihrer Schale benannt.

› Vogelgelege am Strand
Wenn beim Strandspaziergang plötzlich Vögel laut warnen, ist Vorsicht geboten! Die Nester der Strandvögel liegen oft mitten im Sand und sind schwer zu entdecken. So zertritt man sie nur allzu leicht.

› Krabben
In den Hafenstädtchen an der Nordsee gehört »Krabbenpulen« zum Urlaub. Bei den »Krabben« handelt es sich übrigens um die Nordseegarnele.

› Sandriffelwatt
Als »Watt« bezeichnet man den Teil des Meeresbodens, der bei Ebbe trockenfällt. Sandwatt ist sandig und so fest, dass man bequem darauf Wandern kann.

› Schlickwatt
Ist der bei Ebbe trockenfallende Boden nicht sandig-fest, sondern schlammig, heißt er »Schlickwatt«. Gut für Abermillionen kleinster Tiere, die dort leben, aber ungeeignet zum Wattwandern.

› Felswatt
Ist der bei Ebbe trockenfallende Untergrund felsig, heißt das Watt »Felswatt«. An der deutschen Nordseeküste gibt es ein solches Felswatt nur vor der Hochseeinsel Helgoland.

Rothirsch (Haupttext Seite 56)

- Trittsiegel breit-oval
- 6–9 cm lang und 4–7 cm breit
- Schrittlänge 80–150 cm

In Wäldern. Beim Gehen und Traben stellt der Rothirsch die Hinterhufe in etwa in die Abdrücke der Vorderhufe (s. Abb.). Der Hinterhuf ist immer etwas kleiner. In deutlichen Abdrücken zeichnet sich der Ballen ab, er nimmt etwa ein Drittel des Trittsiegels ein. Auf der Flucht im Galopp und beim Sprung sind die Hufe stark gespreizt, die Abdrücke liegen dann hintereinander.

Reh (Haupttext Seite 56)

- Trittsiegel länglich herzförmig
- 4–5 cm lang und 3 cm breit
- Schrittlänge 60–90 cm

In Wäldern, auf Feldern. Häufigste Gangarten: Gehen und langsamer Trab. Dabei setzt das Reh die Hinterhufe in die Abdrücke der Vorderhufe (s. Abb.), die Trittsiegel sind nach außen gewandt. Auf der Flucht galoppieren und springen Rehe. Die Hufe sind dann V-förmig gespreizt, die Abdrücke liegen hintereinander.

Wildschwein (Haupttext Seite 56)

- Trittsiegel mit Afterklauen
- 3–5 cm lang und 7–9 cm breit
- Schrittlänge 35–45 cm

In Laub- und Mischwäldern mit Wasserstellen. Typisch ist der Abdruck der Afterklauen (das sind zwei weiter oben am Fuß sitzende Zehen). Typische Gangarten: Gehen und Trab. Dabei setzt das Tier die Hinterhufe in die Abdrücke der Vorderhufe oder knapp dahinter. Man sieht den Abdruck aller vier Afterklauen (s. Abb.). Beim Galopp sind die Hufe stark gespreizt, die Abdrücke liegen hintereinander.

Hase (Haupttext Seite 100)

- Vorderfuß rundlich, Hinterfuß länglich
- Trittsiegel Vorderpfote 5 cm lang, 3 cm breit
- Trittsiegel Hinterpfote 7–12 cm lang, 3,5 cm breit

In offenen Kulturlandschaften. Ob langsam oder auf der Flucht: Hasen bewegen sich immer hoppelnd. Daher sehen ihre Spuren stets gleich aus. Die Trittsiegel der länglichen Hinterpfoten liegen nebeneinander vor den ebenfalls nebeneinander gestellten Trittsiegeln der Vorderpfoten (s. Abb.). Je schneller der Hase, umso größer ist der Abstand zwischen den Spurgruppen – er kann bis zu 3 m betragen.

Eichhörnchen (Haupttext Seite 144)

- Vorderfuß vier Zehen, Hinterfuß fünf Zehen
- Trittsiegel vorne 3–4 cm lang, 1,5–2 cm breit
- Trittsiegel hinten 4–5 cm lang, 2,5–3,5 cm breit

In Wäldern, Parks und Gärten. Da die einzige Fortbewegungsart auf dem Boden das Hoppeln ist, sehen die Abdrücke stets gleich aus. Die Trittsiegel der größeren Hinterpfoten liegen nebeneinander vor den ebenfalls nebeneinander gestellten Trittsiegeln der Vorderpfoten (s. Abb.). Da der Abstand zwischen den Hinterpfoten größer ist, entsteht so die typische, trapezförmige Spurgruppe.

hinten
vorne
hinten
vorne

Rotfuchs (Haupttext Seite 54)

> Trittsiegel mit Haupt-, vier Zehenballen und Krallen
> 5 cm lang, 4–4,5 cm breit
> Schrittlänge 70–80cm

Fast überall in Wald und Wiese, in Dörfern und Städten. Der Fuchs bewegt sich meist im Trab. Vorder- und Hinterpfote sind etwa gleich groß. Er setzt die Hinterpfoten in die Abdrücke der Vorderpfoten, deshalb liegen die Abdrücke der rechten und linken Pfoten wie an einer Schnur aufgereiht (»Schnüren«, s. Abb.). Fuchsspuren sind leicht mit denen von Hunden zu verwechseln. Die vom Fuchs sind aber kleiner und schmaler, die beiden mittleren Zehenballen liegen etwas weiter vorne als beim Hund(kleine Abb).

Dachs (Haupttext Seite 54)

> Hauptballen, fünf Zehenballen, Krallen
> 5–7 cm lang, 3,5–5 cm breit
> Schrittlänge 30–80 cm

In Laub- und Mischwäldern. Typisch ist die leichte Innenwendung der Pfotenabdrücke. Häufigste Fortbewegungsart des Dachses ist der behäbige Gang. Dabei setzt er die Hinterpfoten etwas nach hinten versetzt in die Abdrücke der Vorderpfoten (s. Abb.).

Marder (Haupttext S. 54 und S. 144)

> Hauptballen, fünf Zehenballen und Krallen
> 3,5-5 cm lang, 3–4 cm breit
> Schrittlänge 40–80 cm

In Wäldern, Feldern und Dörfern. Die häufigste Fortbewegungsweise der Marder am Boden ist der »Zweisprung«: Dabei setzen sie ihre Hinterpfoten genau in die Abdrücke der Vorderpfoten (s. Abb.). Flüchtende Marder hinterlassen meist alle vier Pfotenabdrücke.

Katze

> Trittsiegel fast rund, Hauptballen, vier Zehenballen
> 2–3,5 cm lang, etwa 3 cm breit
> Schrittlänge 35–45 cm

Überall häufig, wo Menschen wohnen, aber auch in Wald und Wiese umherstreifend. Im Abdruck sind meist keine Krallen zu sehen, weil sie beim Laufen eingezogen sind. Beim Traben setzt die Katze ihre Hinterpfoten genau in die Abdrücke der Vorderpfoten. Deshalb liegen die Abdrücke der rechten und linken Pfoten wie an einer Schnur aufgereiht (s. Abb.), ein Phänomen, das auch vom Fuchs bekannt ist (»Schnüren«).

Igel (Haupttext Seite 142)

> Trittsiegel mit fünf Zehen und langen Krallen
> 2,5 cm lang und etwa 3 cm breit
> Schrittlänge 20–25 cm

In Gärten, lichten Wäldern und Parks. Da der »Daumen« recht kurz ist, hinterlässt er oft keine Spur; das Trittsiegel kann dadurch vierzehig aussehen. Meist geht der Igel gemächlich voran. Dabei setzt er seine Hinterfüße hinter die Abdrücke der Vorderfüße. Im Trab aber setzt er die Hinterfüße in die Vorderfuß-Spuren hinein oder davor.

hinten
vorne
Haus-
hund

Register

Zweiteilige deutsche Namen wurden meistens nur einmal, und zwar mit dem vorangestellten Gattungsnamen aufgeführt, z. B. »Berg-Ahorn« unter »Ahorn, Berg-«.

Register

Bildnachweis

Alle Fotos von **Frank Hecker**, außer: **Bethge:** 207u; **Borsch:** 21or, 23Mr, 27M, 31or, 35Mr, 81u, 83u, 107o, 121o, 195Mr, 197o; **Buchner:** 47M; **Danegger:** 55u, 217u; **Hecker/Mestel:** 43ul, 51Ml, 55o, 57Mr, 57ul, 95M, 101or, 131Ml, 133ul, 135o, 135ur, 141ul, 141ur, 145o, 173M, 173ul, 173ur, 209Ml, 209Mr, 209ul, 209ur, 217or, 243Ml, 243Mr, 245o, 247ol, 257ur; **Hecker/Sauer:** 19or, 19ur, 25or, 29Mr, 35ol, 37ul, 37ur, 39or, 39Ml, 39ul, 39ur, 41or, 41Ml, 43ur, 47ol, 67Ml, 69ul, 69ur, 71ur, 75ol, 75u, 79ur, 81Ml, 83M, 85ol, 85or, 85Ml, 85ul, 85ur, 87ol, 87or, 87M, 87u, 89Ml, 91ol, 93ur, 97Ml, 105ur, 109ol, 111ur, 113ol, 113or, 115Ml, 115Mr, 117ol, 117or, 117ul, 117ur, 119ol, 119M, 119ul, 119ur, 121Ml, 121Mr, 121ur, 123o, 123M, 125ur, 127Ml, 129o, 135Mr, 143M, 149ul, 155Mr, 157u, 159Mr, 159ur, 163ul, 163ur, 169Ml, 171ol, 179ol, 183Ml, 183Mr, 186/187, 189or, 189ul, 191o, 193ol, 193ul, 193ur, 195Ml, 195u, 197u, 199o, 201o, 203u, 205ol, 205or, 205M, 205u, 215M, 221ol, 221or, 221M, 221u, 229ul, 231u, 233o, 233M, 233u, 235or, 237o, 239gu, 241o, 241M, 250ur, 251or, 251ul, 251ur, 253ul, 254ur, 255or, 255ur, 256or, 257or, 257ul, 258or, 258ul, 258ur, 259ol, 259or, 259ul, 259ur, 260ul, 261ul; **Hortig:** 47u, 215or; **König:** 239go, 239Mo; **Laux:** 11u, 13ol, 15Ml, 15Mr, 15ul, 17ur, 21Ml, 21ul, 23ul, 35or, 67u, 71o, 73u, 77Mr, 105or, 105Ml, 107Mr, 109M, 110o, 151u, 153M, 189Ml, 189Mr, 191Ml, 191ul, 191ur, 193M, 195o, 199Ml, 201M, 201u, 203Mr, 223or, 255ul; **Limbrunner:** 43o, 43M, 45ol, 45M, 45ul, 49or, 49Ml, 49Mr, 49u, 93ul, 129u, 143u, 145ur, 177u, 183o, 185o, 207ol, 207or, 207M, 209ol, 211o, 211Mr, 215ol; **Vilcinskas:** 239Mu; **Zeininger:** 49ol, 127u, 131Mr, 161ol, 173or.